経済を読む力
「2020年代」を生き抜く新常識

大前研一
Ohmae Kenichi

小学館新書

新書版まえがき

間違った政策を強行する政府は「統計」で嘘をつく

戦後最長の〝ミミズ景気〟

政府は、2012年12月に始まった景気拡大局面が、「いざなみ景気」の73か月を超えて戦後最長になったとの見解を示している。しかし、この統計結果は本当に日本経済の実態を反映していると言えるのだろうか。

実質所得が上がっていないほとんどの国民にとって、景気が良くなっているという実感は全くない。そもそも今回の景気拡大は成長率1％台の地を這《は》うような〝ミミズ景気〟だ。かろうじてプラスとなっているその成長率を維持するために、安倍晋三政権は7年前から「アベノミクス」なる経済政策を掲げ、「3本の矢」「新・3本の矢」「地方創生」「一億総活躍社会」といったスローガンを次々に打ち出して、莫大な税金を注ぎ込んできた。そして黒田東彦《はるひこ》総裁率いる日本銀行は、「異次元金融緩和」でお札を刷りまくって大量に国債を買い上げ、将来世代に借金を付け回している。その上、ETF（上場投資信託）やREIT《リート》（不動産投資信託）も大量購入して、株価や不動産価格を下支えしている。

2019年10月の消費税増税でも、政府は実に2兆円を超える景気対策を盛り込んだ過去最大の101兆円の当初予算を組むなど、相変わらず財政規律を無視した無節操なバラ撒《ま》き政策を続けている。その結果が、青息吐息の〝ミミズ景気〟なのである。「戦後最長の景気拡大」は政府が作り出した偽りの景況と言ってよい。

吉田茂の〝名言〟

そればかりか、2019年2月には、厚生労働省の「毎月勤労統計」と「賃金構造基本統計」の不正調査をめぐって国会が紛糾した。いわゆる統計不正問題である。調査方法の変更によって、賃金の伸び率がプラスに転じた可能性が指摘され、アベノミクスの成果を強調する材料に使われたのではないかという批判が巻き起こった。

結局、その後の厚労白書では、これらの不正調査は国民の信頼を損なうものだったとして反省と謝罪を盛り込み、総務省が再発防止策として独立審査官の配置を提言するなどして議論は収束した。だが、この問題は〝終わった話〟では全くない。

もし「戦後最長の景気拡大」局面も政府の不正な調査＝統計操作による嘘偽りだったとなれば、まさにアメリカのドナルド・トランプ大統領張りの「フェイク」であり、景気が拡大しているということが唯一の求心力だった安倍政権を根底から覆《くつがえ》す事態となる。単に役人のミスや不手際といった釈明で済まされる話ではないのだ。

この統計不正問題をめぐっては、衆議院予算委員会で立憲民主党の長妻《ながつま》昭《あきら》代表代行が麻生太郎副総理兼財務相の著書『麻生太郎の原点　祖父・吉田茂の流儀』（徳間文庫）を引き合いに出して質問したことが話題になった。同書によれば、戦後のＧＨＱ（連合国軍最高司令官総司令部）による占領時代にダグラス・マッカーサー最高司令官から「日本の統計はいい加減で困る」と苦言を呈された当時の吉田首相は、こう切り返したという。

「当然でしょう。もし日本の統計が正確だったら、むちゃな戦争などいたしません。また統計どおりだったら、日本の勝ち戦《いくさ》だったはずです」

長妻氏はこのエピソードを紹介した上で、「戦前、戦中は統計がいい加減で、権力者の意のままに使われた。非常に示唆《しさ》に富む話だ」と指摘したが、まさしくこれは「間違った政策を強行する政府は統計で嘘をつく」という教訓にほかならない。安倍政権が強調する「戦後最長の景気拡大」という統計も、「間違った政策」を糊塗するための宣伝材料の一つだと考えれば、納得がいく。

安倍首相は今や、通算在職日数でその吉田茂や大叔父の佐藤栄作をも抜き去り、歴代最長となっている。その長期政権を支えたのは、安倍首相が主張するところの経済面でのプラス材料だった。しかし、これまで私が何度も指摘してきたように、アベノミクスや安倍首相と黒田日銀による〝アベクロバズーカ〟は、金利とマネタリーベースをいじるだけの20世紀型経済政策であり、ボーダレス化やサイバー化が進んだ21世紀経済には全く効果がない。この〝アベクロ・フェイク〟経済政策に「NO」を突き付けないと、日本はかつてのスペインやポルトガルのように衰退の一途をたどることになるだろう。

なぜ「失われた30年」となったのか

振り返れば、平成時代はまさに「失われた30年」だった。

私は平成元年（1989年）に『平成維新』（講談社）を上梓した。その表紙には当時のGNP（国民総生産／かつて景気を測るために用いられていた指標。現在はGDP＝国内総生産を多用）の大きさを面積に置き換えて世界地図を描いたが、中国は日本の九州とほぼ同じ大きさでしかなかった。

しかし、今や中国のGDPは日本の2・5倍に膨れ上がっている。GDPは平成の30年間でアメリカが3・6倍、イギリスが3・4倍、ドイツが2・8倍に成長したのに対し、日本は1・3倍にしかなっていない。中国が爆走する中、日本は世界の成長から取り残されてしまったのだ。

平成日本の低迷を象徴するデータは、まだまだある。

たとえば、世界の企業時価総額ランキングを見ると、平成元年3月末時点では上位10社中なんと8社が日本企業（NTTや銀行など）だったが、平成30年9月末時点では10社中

8社がアメリカ企業（アップルやアマゾンなど）で、残り2社は中国企業（アリババとテンセント）だ。さらに株価指数は、この30年でアメリカのダウ平均が9倍、イギリスのFTSE100が3倍近くに上昇しているのに、日経平均は半分に下落している。名目賃金も、平成7年から平成27年までの20年間にアメリカやユーロ圏は2倍近くに上がっているが、日本は右肩下がりになっている。つまり、すべての経済指標で日本の〝一人負け〟が顕著なのだ。

なぜ、こんなことになったのか？　官主導の見せかけの景気対策（財政出動、低金利、マネタリーベースのバラ撒きなど）ばかりで、私が『平成維新』や『新・国富論』（昭和61年／講談社）などで提案した道州制への移行、霞が関解体、憲法改正、第三次農地解放、計画的な移民政策、容積率の緩和といった「ゼロベースの改革」による〝生活者（受益者）主権の国づくり〟が全く進まなかったからである。

結果、日本は〝提供者の論理〟のままで、むしろ中央集権の統治システムが強化された。「平成の大合併」によって市町村の数が平成11年の3235から平成30年は1724に減ったのに、役人の数は減っていないし、地方自治や業務の合理化・効率化も一向に進んでいない。また、中央省庁は平成13年の「橋本行革」で1府21省庁から1府12省庁に再編されたが、それは単なる「看板の掛け替え」であり、公務員の削減などの改革は何もやっていない。

このように「平成とは何だったのか？」と考えていくと、政治も経済も、ただ〝離合集散〟を繰り返した30年間であり、中身のない空虚な時代だったと思う。つまり、明治以来の古びた統治システムや各種の規制を本質的に変えようとすることなく、単に政党がくっついたり離れたり、中央省庁や自治体や企業が合わさったりしたにすぎないのだ。

そして、日本が直面している様々な問題に対し、政治家と役人はことごとく場当たり的な小手先の改革でお茶を濁してきた。その結果、日本は政治も経済も停滞し、世界の潮流から取り残されてしまったのだった。

経済学は〝武器〟になる

そういう現実とは裏腹に、政府は「戦後最長の景気拡大」を強弁しているわけである。

だが、これはどう考えても悪い冗談でしかない。

にもかかわらず、現在のような安倍一強政権においては、独断専行の政治が常態化し、政府の経済政策に異論を差し挟むことすら難しい。新聞・テレビなどのマスコミも、政府発表を垂れ流すだけで、批判精神を失っている。

そうした中では、国民一人一人が経済指標を冷静に読み解き、近未来の動向を見極めて、自身のビジネスや生活設計に生かしていけるか否かが問われる。今後ますます「経済を読む力」「未来を読み解く視点」が求められていくだろう。

そんな読者に資する目的で、2017年に上梓したのが『武器としての経済学』という単行本だった。この書名は、経済を学ぶことがこれからの個人にとって大きな〝武器〟になるという思いを込めたものだ。そして今回、同書をベースとして、新たなテーマに差し替えたり最新の情報を書き加えたりした上で、新書化したのが本書である。

この新書を通じて、1人でも多くの読者が政府発表や御用マスコミの報道に惑わされることなく、独自の視点と分析眼を持ち、経済と向き合えるようになってもらえれば、著者としてこれほど嬉しいことはない。

2019年11月
大前研一

【編集部より】新書化にあたっては、事実関係の変更や進展があった箇所を中心に加筆・修正しました。ただし、単行本刊行時の著者の見解や分析を活かすため、一部の統計・指標・図表などの数字や人物の肩書等は、元のままとしています。

目次

新書版まえがき　間違った政策を強行する政府は「統計」で嘘をつく　3

はじめに――新時代のビジネスに役立つ「経済知識」を　19

第1部　新聞ではわからない「株価と為替と景気」の新常識　27

「円」の強さ

Q 円安と円高、結局、どちらのほうが日本にとってよいのか？
A 「円高耐性」をつけた日本は、経済全体で見れば円安も円高も怖くない。為替よりも……　28

物価
Q 日本は将来、インフレになるのか？ それにどう備えるべきか？ 38
A アメリカの出方次第では国債暴落もあり得る。SNSでの発信が契機に……

株価
Q なぜ日銀が株を〝爆買い〟しているのに株価が上がらないのか？ 46
A 公的マネーによって買い支えられているが、今後の成長を見込める企業が……

金融政策
Q 「マイナス金利」を導入しても景気が良くならないのはなぜ？ 54
A 「低欲望社会」に突入している日本では、「いざ」という時のためにお金を……

雇用と景気
Q なぜ失業率が低いのに景気は回復しないのか？ 63
A 日本のような「成熟国」では景気と失業率は相関しない。いくら政府が……

経済指標
Q 「GDPを引き上げる」ことがそんなに重要なことなのか？ 70
A 労働力人口が減る中でGDPを引き上げるのは難しい。そのために補助金を……

地価とマンション
Q 東京オリンピックを機に不動産価格が下がるという話は本当か？ 77
A 中国人による日本の不動産投資は減少し、価格は下落傾向にある。ミニバブル……

年金危機
Q 日本の「年金」は、現実にはいつまで維持できるのか？ 87
A 日本の年金制度はすでに破綻している。年金の〝流入量〟を増やすには……

税制
Q 税金を上げたら景気悪化、下げたら財政危機…どうすればいい？ 96
A 子育ても老後も政府が面倒を見てくれるスウェーデン型を目指すのか、減税で……

第2部 新しい「世界経済」と「日本経済」への視点 105

ポピュリズム
Q トランプ大統領が撒き散らす世界的混乱をどう乗り越えるか？ 106
A 自国第一主義の蔓延や神風ドローンの脅威は、世界を再び「協調」へと向かわせ……

競争の「真実」
Q 「自国第一」の経済政策でアメリカの貧困層を救えるのか？ 114
A アメリカの「プア・ホワイト」は国内での競争に負けた人々。彼らを救済する……

米中貿易戦争
Q アメリカと中国の〝報復合戦〟に着地点はあるのか？ 121
A 対中貿易赤字は、アメリカ企業の自主的行動の結果であり、報復関税や……

中進国のジレンマ
Q 韓国がいつまでも「経済先進国」になれないのはなぜか？ 128
A 今の韓国は、イノベーションが起こりにくい硬直した社会構造であることに……

EUとイギリス
Q ジョンソン首相「ブレグジット強行」で何が変わるか？ 139
A ジョンソン首相がブレグジットを強行したら、連合王国は分裂に向かう……

グローバル通貨
Q フェイスブックの仮想通貨「リブラ」は世界をどう変えるのか？ 145
A リブラは従来の仮想通貨とは全く違う。価値が大きく変動しにくい設計に……

ビジネス最先端①
Q これから成長するビジネスの「新たな潮流」は何か？ 151
A 誰かが所有しているモノや空間を複数の人間で共有する「シェアエコノミー」や……

ビジネス最先端②
Q 「フィンテック革命」をビジネスチャンスにつなげるには？ 160
A 貨幣に依存しないスマホ経済は、銀行など従来の金融機関の業務を侵食して……

自動運転技術
Q 日本の基幹産業「自動車」市場は今後どう変化していくのか？ 172
A 自動運転の無人タクシーが、交通インフラを根本から変えていくだろう……

第3部　「2020年代」のための成長戦略　181

新たな鉱脈
Q 「高齢化」「少子化」社会でどんなビジネスチャンスがあるのか？
A 超高齢社会や人口減は、ビジネスにとってマイナス要因だけではない……　182

インバウンド
Q 外国人観光客「3000万人時代」に日本は何をすべきか？
A 〝新たな日本〟を発見してもらうために、観光ルートや体験スポットなどの……　195

働き方改革
Q 「月45時間」の残業規制は働き方・仕事をどう変えるか？
A 単純労働や定型業務の場合は、残業時間規制が必要だ。しかし……　203

仮想ロボット
Q 日本人の生産性と給与を引き上げるカギ「RPA」とは何か？
A 仮想ロボット「RPA」は、生産性を飛躍的に向上させる。その運用に精通した……　212

電力供給
Q 日本経済を支えるためのエネルギー政策はどうあるべきか？
A 政府の「望ましい電源構成」は絵に描いた餅だ。速やかにロシアからの…… 218

土地ボーナス
Q 増税せずに日本経済を再浮上させる成長戦略はあるか？
A 容積率と建蔽率を緩和すれば、建物の床面積は飛躍的に拡大し、莫大な「富」が…… 225

国家救済ファンド
Q 日本の財政危機を乗り越える秘策はないか？
A 〝資産を家族ではなく国家に相続する〟というコンセプトで、富裕層から国への…… 237

金融業界
Q 企業の投資が低迷する中で「銀行」はどんな役割を果たすべきか？
A 銀行の存在意義がますます薄くなっている中で生き残っていくには、銀行自身が…… 243

領土と資源
Q 隣国ロシアとの関係改善が生む経済効果をどう最大化するか？
A 北方領土交渉はなかなか進展しないが、この問題は、もっと大局的な…… 248

はじめに　新時代のビジネスに役立つ「経済知識」を

「円高と円安だったら、輸出大国の日本にとっては円安のほうが有利」

――そんな〝古い常識〟を、あなたは信じていないだろうか？

「失業率が低くなったのに、景気が回復しないのはなぜか」

――この質問に、あなたは論理的に答えられるだろうか？

重ねて問いたい。

ＡＩ（人工知能）による車の自動運転技術が注目されていることは知っていても、それが日本の自動車業界に与えるインパクトについて、あなたは先を見通して語れるだろうか？

＊

21世紀はヒト、カネ、モノが国境を越えて自由に動き、次々と新たなビジネスが誕生して世界を激変させている。たとえば、世界トップのマイクロソフトの時価総額は約1兆1000億ドル（約119兆円）にも達する（2019年10月末現在）。さらに、同社のほかに巨大IT企業のGAFA《ガーファ》（グーグル、アマゾン、フェイスブック、アップル）を合わせた5社の時価総額合計は約4兆ドル（約432兆円）で、これは世界のGDP（約80兆ドル）の5％、日本のGDP（国内総生産＝約550兆円）の75％にも相当する。たった5社で、世界の富の20分の1を稼ぎ出している計算だ。

国内でも、アメリカ発のエアビーアンドビー（Airbnb）や日本発のメルカリなど、近年生まれたサービスが急速に普及し、人々の生活を大きく変革している。「時代が変わった」ことは、本書を手に取った誰もが認識しているだろう。

では、そういう新たな時代に通用するように「経済知識」が〝アップデート〟されているかと聞かれると、「自信がある」と言える人は、多くないのではないか。

だが、そのことに引け目を感じる必要はない。なぜなら、政府や日本銀行のトップたちでさえアップデートされていないからである。

安倍晋三首相はアベノミクスで「大胆な金融政策」を掲げ、それに連携して日銀の黒田東彦総裁は「異次元の金融緩和」を推し進めた。「マイナス金利政策」と銀行などからの「国債買い入れオペレーション」である。これは金利を引き下げれば景気が良くなる、国債を買い入れてマネタリーベース（資金供給量）を増やせば景気が上向く、という考え方の金融政策で、イギリスの経済学者ジョン・メイナード・ケインズらが100年近く前に提唱したマクロ経済学の理論に基づいたものだ。

しかし、もうケインズ理論は通用しなくなった。

なぜなら、当時の経済は基本的に外国との金融・貿易取引を行なっていない閉鎖経済であり、ケインズ理論はそれを前提としたものだからである。その後、世界の国々は閉鎖経済から外国との金融・貿易取引を行なっている開放経済に移行し、さらに国境を越えてヒト、カネ、モノが動く「ボーダレス経済」になった。

ボーダレス経済では、ケインズ理論の金利とマネーサプライに対する常識は通用しない。それどころか、多くの場合は逆さまになる。

一例は、クリントン政権時代（1993～2001年）のアメリカだ。ケインズ理論では、インフレを抑制するために金利を引き上げると個人や企業はお金を借りなくなり、消費や設備投資を控えて景気が悪くなるはずだが、当時のアメリカは金利を高くしたら世界中からカネが集まってきて株価も上がり、どんどん景気が良くなったのである。

あるいは、アイスランドは２００８年のリーマン・ショックの前まで好景気に沸いたが、その最大の理由はドイツ人などが金利の高いアイスランドの銀行にこぞって貯金していたからだ。日本で余っていたお金もアイスランドに向かった。それらによってアイスランドで住宅ブームが起き、景気が上昇した。しかし、リーマン・ショックに端を発した世界金融危機でアイスランドは通貨クローナが暴落し、経済危機に陥って国内の全銀行が国有化された。

このように、ボーダレス経済ではケインズ理論とは正反対の現象が起きる。

加えて日本の場合は、世界に類のない「低欲望社会」になっている。日銀のマイナス金利政策によって、個人も企業も驚くほどの低金利で資金を借りることができるのに、誰も借りようとしない。

たとえば、日銀が発表した２０１９年４～６月期の資金循環統計によると、家計が保有する金融資産は同年３月末時点で１８３５兆円に達し、年度末としては過去最高を記録した。そのうち977兆円が「現金・預金」である。人々は買いたいもの、欲しいものがないから、それをスズメの涙ほども金利がつかない銀行などにジーッと置いたままにしている。だから、消費が一向に増えないのだ。企業も273兆円の「現金・預金」を後生大事に抱え込んでいる。

このような現象は先進国ではある程度見られるが、日本ほど徹底してお金が動かない国は世界のどこにもない。だから、いくら日銀がマイナス金利にしたり、国債を買い入れたりしても、ほとんど効果が出ないのは当たり前なのである。

個別の業界や企業に目を移しても、同様のことが言える。

トヨタ自動車をはじめとする自動車業界は「自動運転」に力を入れているが、これをハイブリッド車のような単なる〝クルマの技術革新〟と捉えているだけでは、将来を見通すことはできない。自動運転は「自動車業界そのものを根底から覆す可能性さえあるもの」という視点にアップデートしなければならないのだ（詳細は本編第2部で解説する）。「2020年代」の次なる時代にどんなビジネスが成長するのかということを考える上でも、あるいはアメリカや中国、韓国の経済を見通す上でも、「新しい経済」について知ることが肝要なのである。

マクロ経済学とミクロ経済学という言葉があるが、もはやケインズ的なマクロ経済学は〝終わった〟と言っても過言ではない。

経済は「生き物」だ。理論は現実から導き出されるものだから、現実が変化したら理論も変化しなければ役に立たない。経済の変化を的確に把握して現実のビジネスに生かすためには、1世紀も前に外国の学者が考えた理論を暗記するのではなく、〝観察者〟の視点を持って、個々の人々の財布と個々の企業の財布がどのように動いているのか、それが全体としてどういう振る舞いをするのか、ということを知らなければならない。ミクロ経済の集積体としてのマクロ経済を組み立てる「経済頭脳」がなければ、新たなビジネスを考えることもできないはずだ。

これほどまでに経済は大きく変化したが、その「新たな経済学」を教えてくれる場所は意外と少ない。私が連載していた国際情報誌『SAPIO』で経済に関する疑問を募ったところ、数多くの読者から質問が寄せられた。本書はそれを基に、為替、物価、株式、金融政策、不動産市況、年金、税制、米中貿易戦争など、27のテーマについて新たな視点と問題の読み解き方を提示した。質問に答えるかたちで項目ごとに書いているので、どこから読んでいただいてもかまわない。

本書を読んで、古くさい知識としての経済学ではなく、実際のビジネス現場で新しい商品や企画、戦略などの立案に役立つ経済学――すなわち「武器としての経済学」を身につけていただければ幸いである。それは読者ご自身の人生設計にも役立つはずだ。

大前研一

第1部

新聞ではわからない「株価と為替と景気」の新常識

「円」の強さ

Q 円安と円高、結局、どちらのほうが日本にとってよいのか？

「円安」という言葉は、安倍政権や経団連をはじめ経済の本質がわかっていない人々にとっては、どうやら魔法の言葉のようである。日本が円安になれば、それだけで景気が良くなると思い込んでいるのだ。

建前では、日銀の量的緩和政策は「円安目的ではない」ということになっている。アメリカのドナルド・トランプ大統領は、「日本は通貨安に誘導している」として批判したが、表向き量的緩和は「銀行の貸し出しを促すため」「企業の投資を促すため」という目的だから、安倍晋三首相は「円安誘導という批判はあたらない」と反論した。

だが、安倍首相は２０１２年12月、再登板する直前の講演会で経済政策について、こう述べていた。

「財政出動のための国債発行金額分を全額、15兆～20兆円の国債を日銀が市場から買い取る、お金を刷る。このお金は直ちに建設に向かいます。このことによって、間違いなく、円安と、そしてインフレが誘導される」

はっきりと「円安誘導のためである」と明言してしまっているのだ。経済オンチであることを自白しているようなものである。そして安倍政権は「円安」で輸出企業が潤えば賃金が上がり、景気が良くなると信じてきた。

輸出企業が多い経団連も右へ倣《なら》え、だ。歴代の経団連会長は、円高に振れるたびに懸念を表明してきた。


〈経団連の榊原定征会長は（中略）足元の為替動向について「円高に振れすぎている」との認識を示した。その上で多くの企業が3月期決算を採用していることから「この数字（現在の円高）で期末を迎えるとなると、企業業績に直接影響してくる」との懸念を述べた〉（2016年2月24日／日本経済新聞電子版）

では、円安で日本経済は好転したのか。

安倍首相が第二次安倍内閣を発足させたのは、2012年12月26日のことである。この月の為替ドル円相場の月間平均は1ドル＝83円91銭だった。1年後の2013年12月は103円58銭。露骨な円安誘導が功を奏して、円安ドル高に振れていく。さらに1年後の2014年12月は119円43銭。2015年12月には120円台を突破して121円57銭。2016年8月には、イギリスのブレグジット（EU離脱）問題もあって、101円30銭まで円高に振れた。本書執筆時点の2019年10月は、108円前後である。

80円台から120円台を推移したわけだが、日本経済は何か変わっただろうか。

大局的に見れば、「円安は日本経済にほとんど影響を与えていない」のである。

日本企業は「円高耐性」をつけた

経済の教科書的に言えば、「円安は輸出競争力を強める」「円高は輸出競争力を減じる」ということになるだろう。自動車産業など、工業製品の輸出に頼っている日本は、円安のほうがよいという理屈だ。

だが、この理屈には見落とされている点がある。日本企業の多くは、すでにグローバル化している、ということである。

たとえば、トヨタ自動車の研究開発拠点は、日本国内だけでなく、アメリカ、ベルギー、イギリス、フランス、ドイツ、タイ、オーストラリア、中国と世界各地に点在している。海外生産拠点にいたっては、アメリカ、カナダをはじめ、ブラジル、アルゼンチン、メキシコなどの中南米、イギリス、トルコ、ロシアなどのヨーロッパ、ケニア、エジプトなどのアフリカ、中国、インドネシア、ベトナムなどのアジアに合計50も有しているのだ(2018年12月末現在)。アメリカだけで8の工場がある。

トランプ大統領は、日本との自動車貿易は不公平だと批判したが、お門違いである。なぜなら、すでに多くの日本車が現地生産だからだ。

自動車メーカーの現地生産に合わせて日本の部品メーカーも外国に進出し、現地に工場を建設した。アメリカで生産される自動車にはアメリカ製の部品が50%以上使われているが、そのほとんどは実は「日本企業の現地工場」で作られているのである。

現地で生産して現地で売る。これなら為替差損益は全く関係ない。多国間で部品のやりとりをしたとしても、一方の通貨が安ければ一方は高くなる。プラスマイナスゼロで、為替差損益は発生しない。もちろん現地子会社の収益を日本の本社に連結する時には日本円に換算するので円安のほうが有利になる。しかし株式市場はそのくらいのことは織り込んでいるので（企業の将来価値を重視する）株価への影響は大したことはない。

現地で生産できない分は、東南アジアなどの「中立地」の工場でまかなっている。たとえば、タイの為替はアメリカと日本のちょうど中間だ。円高に振れても、円安に振れても、緩衝地帯の東南アジアで調整できるわけだ。

自動車業界に限らず、日本の輸出企業はこうした自衛策を構築してきたのである。1ドル＝80円台から120円台を動いているくらいでは、日本のグローバルカンパニーは、ビクともしないのである。

現地生産に移行する過程で、日本企業はさらなる企業努力をした。

たとえば、国内で買えば130万円程度の日本車があるとする。為替が1ドル＝120円から80円になったとしよう。急激な円高だ。

1ドル＝120円なら、120万円の車は1万ドルで売ればよい。だが80円となれば円の価値は1・5倍だ。利益を確保するためには、1万5000ドルで売らねばならない。

そこで日本はどうしたか。徹底的なコスト削減を行なうとともに、イノベーションによってさらなる付加価値をつけ、1万5000ドルでも売れるようにしてしまったのである。1万5000ドルに見合う車にチェンジしたのだ。

加えて、トヨタならレクサス、ホンダならアキュラといった具合に、メルセデスベンツやBMWに匹敵する5万ドルクラスの高級車をアメリカ市場に投入した。今ではレクサスは、アメリカ人にとって富の象徴と言われるような存在にまでなった。高収益のモデルを生み出すことで「円高耐性」をつけ、為替に影響されにくくなったのである。

円高でつぶれた会社はほとんどない

日本企業が円高の嵐に見舞われたのは、1985年9月22日の「プラザ合意」がきっかけだった。

レーガン政権下のアメリカは、ドル高を是正するために、先進5か国（G5／日・米・

英・独・仏）の「蔵相・中央銀行総裁会議」でドルの独歩高の修正を提案。各国は協調的なドル安を図ることに合意した。ニューヨークのプラザホテルで開催されたので「プラザ合意」と呼ばれている。

参加各国は外国為替市場で協調介入を行なうことで、自国通貨を対ドル比、一律10～12％幅で切り上げた。日本への影響は大きかった。それまで1ドル＝230～240円台の円安に頼っていたからである。プラザ合意発表翌日の23日の1日だけで、1ドル＝235円から約20円も上がり、その年の年末には1ドル＝200円まで円高が加速した。そしてプラザ合意1年後には、1ドル＝150円台で取引されるようになってしまった。

経団連のお偉方には、この時のトラウマがある。

彼らは若かりし頃、休日にゴルフに興じていても、1円円高になるだけで会社に呼び出され、徹夜で対策を練っていた。だから「円高」という言葉を耳にすると、条件反射で「懸念する」と言ってしまう。

だが、いま第一線で活躍しているビジネスパーソンに話を聞くと、10円程度の上下には全く動じない。その程度の幅は織り込み済みなのである。

実際、円高が理由でつぶれた会社は、ほとんどないと言ってよい。つぶれたのは為替のせいではなく、市場の変化に対応できなかったからだ。

たとえば、プラザ合意があった1980年代は、オーディオブーム全盛だった。当時は、サンスイ（山水電気）、トリオ（ケンウッド）、パイオニアが「オーディオ御三家」と呼ばれて業績も好調だった。だが、オーディオ市場は縮小し、デジタル化によって市場そのものが変化した。

これに対応できなくなり、山水電気は2014年に破産。ケンウッドは2008年、業績悪化を受けて日本ビクターと共同持株会社JVC・ケンウッド・ホールディングスを設立し、同社の完全子会社となった（現JVCケンウッド）。パイオニアも同じく市場縮小に抗《あらが》いきれず、2015年からオンキヨーの完全子会社のオンキヨー&パイオニアになり、2019年3月に上場を廃止して香港の投資ファンドの完全子会社になってしまった。

「かつて円高で輸出企業が傾いた」というのは幻想であり、「市場の変化に対応できず傾いた」ケースのほうが圧倒的に多いのである。

マクロ経済的に見ても、円安は全く関係がない。

ＧＤＰに占める貿易の割合は、輸出依存度が約15％で、輸入依存度が約17％。その差はわずか２％だ。

為替で影響を受けるのは、この２％である。たとえば、１ドル＝１２０円だった為替が10円、円高に振れたとしよう。パーセンテージで言えば、動いたのは８％だ。輸出入の差２％に対し、為替差損益が８％なのだから、影響度は０・１６％。経済全体で見ればわずかなものである。その程度で右往左往する必要はないということがわかるだろう。「貿易立国」「輸出大国」というのは古い学校教育で習った間違ったイメージであり、実際は「内需大国」「為替ニュートラル（中立）」なのだ。

政治家やエコノミストは、経済の本質を知らない。ゆえに円高だ、円安だと大騒ぎする。若い頃に為替で苦労した大手町の財界人たちも、やはり円高・円安に過敏に反応してしまう。そうした動きに、私たちが惑わされてはいけない。

もちろん、日本についいては円高・円安に影響を受ける構造から脱したが、他国の場合は自国通貨高が輸出産業に打撃を与える。たとえば、韓国企業は外国での生産が少ない。ほとんど国内生産で、せいぜい中国で行なう程度である。

日本の場合、かつて為替は1ドル＝360円の固定相場制だった。そこから比べれば、貨幣価値は一時、約4倍になった。もし、韓国ウォンが同じように「4倍のウォン高」になったら、韓国の輸出企業は大打撃を受け、経済は立ち行かなくなるだろう。自国生産が主力である中国も全く同じ状況だ。

日本人は、もっと胸を張ってよい。たゆまぬ企業努力で、為替に左右されない国力を身につけた。日本政府の経済政策は相変わらず二流以下だが、グローバルに展開している日本企業は、円安も円高も昔ほど怖くないのである。

A

「円高耐性」をつけた日本は、経済全体で見れば円安も円高も怖くない。為替よりも、市場の変化に対応できるかどうかが重要だ。

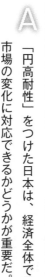

物価

Q 日本は将来、インフレになるのか？それにどう備えるべきか？

黒田東彦氏が第31代日本銀行総裁に就任し、デフレから脱却するために「2年以内に2％の物価目標を達成する」とぶち上げてから早7年目。しかし、その目標は全く達成できないまま、達成時期を示す表現を削除してしまった。まともな大人とは思えない開き直りだが、それでも、首相も中央銀行総裁も同じ人間がやっている。世界は日本を「おかしな国」だと思っている。

そもそも、黒田総裁の「インフレ」の捉え方は間違っている。

黒田総裁は、デフレから緩やかなインフレへと期待を変えて、消費や投資を促し需要の拡大につなげる、と繰り返し述べている。ＦＲＢ（連邦準備制度理事会）のベン・バーナンキ前議長やニューヨーク市立大学のポール・クルーグマン教授の受け売りではないかと思うが、インフレ期待――近い将来、モノの値段が上がるのだから、上がらないうちにモノを買ったり、投資したりするはずだ、という理屈である。だから金利を下げて市場にマネーを投入すれば景気が良くなると考えているらしいのだが、この21世紀に100年前のカビ臭い理論を持ち出してきたことに驚く。

仮に黒田総裁の言うように「インフレへの動き」が出てきたとしよう。だが、今の日本人に、前倒ししてまで買いたいモノがあるだろうか？

日本人の個人金融資産は、1800兆円を超えている。金利がほとんどつかない銀行預金が1000兆円もある。そんなに持っているのだから、インフレ期待などなくても、買いたいモノがあれば買う。だが、実際はどうか。市場を見渡しても、有名絵画にしろ、ゴルフ場の会員権にしろ、値が動いていない。テレビや白物家電などは壊れれば買うが、壊れてもいないのに「どんどん新製品に買い替えたい」という人はほとんどいないだろう。かつては憧れの的だったブランド品でも、フリマアプリの「メルカリ」などで中古品を安く買おうという人が激増している。土地も余っているし、住宅も余っている。

現在の日本には「いま買わないと損だ」というものはないのだ。

財務省が秘かに望むハイパーインフレ

黒田総裁が主張する「インフレ期待による需要喚起」は、日本人の精神構造の中にはない。だが、インフレが起きないかと言えば、そうではない。

日本でインフレが起きるとしたら、日本国債が暴落した時である。しかも、その場合はハイパーインフレだ。ほとんどの国民は「ハイパーインフレなんて、日本では起きないだろう」と思っているが、悲劇はある日、突然やってくる。

たとえば、アルゼンチンでは1988年、過剰な通貨供給が原因となって「年率5000%」というハイパーインフレが発生した。経済は大混乱に陥り、庶民の貯蓄は紙くず同然になった。

日本でハイパーインフレが起きたらどうなるか？　経済が大混乱に陥るのは当然だが、最も困るのは年金受給者である。受給額はそのままでも、年金の価値は激減してしまうからだ。政府は「年金は物価に連動させる」と言っているが、そんな約束はあっという間に反故《ほご》にされるだろう。

金融資産を銀行に預けている人も危険だ。ハイパーインフレになれば国債が暴落し、国債をたんまり買い込んでいる銀行は破綻する。預貯金は消えてなくなる。生命保険や信託なども同様である。タンス預金も無価値になる。

日本でハイパーインフレを望んでいる人がいるとしたら、それは財務省の役人だろう。インフレ率10倍ならば、貨幣価値は10分の1になるということだ。つまり、1000兆円を超えている国の借金は、一気に100兆円相当になる。インフレ率100倍ならば10兆円だ。つまり、自然に国の借金を減らすことができる。

財務省が税収を増やすためにこれ以上の消費税増税を提案しても、安倍政権は受け付けないし、世論も認めないだろう。だがハイパーインフレになったら、一気に財政は改善する。ただし、その割を食うのは国民だ。その時、財務省はとぼけていれば非難されずに済む。心の中では「だから言ったでしょ」と思っているだろうが、少なくとも直接責任を取らされたり、〝市中引き回しの刑〟になったりすることはない。

アベノリスクとトランプリスク

日本でハイパーインフレは起き得るのか？

怖いのは、トランプ大統領の動きだ。彼の周囲には、経済を全くわかっていない人たちが集まっているが、その連中がやろうとしていることが、あろうことかアベノミクスの真似なのである。国債を発行してドルをジャブジャブと市場に出し、景気を刺激しようとしているのだ。

その時、彼らはおそらく、国債発行の根拠として日本を持ち出してくるのではないか。「ほら、アベシンゾウだってやってるじゃないか」と。するとどうなるか？　まともな経済学者やジャーナリストは、トランプ政権の国債発行を攻撃する。それはすなわち、アベノミクス批判に直結する。アメリカの国債発行が「ＮＯ」なら日本もダメじゃないか、と市場が気づいてしまうということだ。市場が「日本の財政は綱渡りだ」と認定すれば、日本国債は即座に暴落する。

しかも、今はＳＮＳ（ソーシャル・ネットワーキング・サービス）の時代である。

影響力のある人間（インフルエンサー）が「日本はＧＤＰの２００％も国債を抱えているが、大丈夫か。自分は大丈夫とは思わない」とＳＮＳで発信したらどうなるか。皆がそれに同意し、「日本は危ない」と拡散されたら、国債投げ売りにつながりかねない。日本国債は９割が国内の金融機関をはじめとする法人や個人が保有しているから安全と言われているが、逆に言えば、１割は外国人が保有している。それが一斉に動けば投げ売りが始まり、日銀は買い支えることができなくなる。やはり国債暴落だ。

自然に行き詰まることも大いにあり得る。

今の政府は補正予算を繰り返して予算規模が膨らみ、赤字国債を大量発行している。赤字国債を発行できるのは、買い手がいるからだ。だが、それが飽和したらどうなるか。「これ以上買えない」状態は必ず来る。その時も、やはり国債暴落だ。

ハイパーインフレに備えることはできるか

では、インフレに備えるにはどうしたらよいか？　対策は三つしかない。

①資源国の通貨によるタンス預金

ハイパーインフレが起きると、外国銀行の支店も閉鎖される。「日本円が危ないから外国通貨に換えよう」と思っても不可能になるのだ。今のうちから日本円を資源国などの通貨に換金してタンス預金しておけば、有効な対策になる。

②資産を「金（ゴールド）」または「金に準ずるコモディティ（商品）」に換える

金の価格は上下するが、紙くずになりかねない円よりはよほど安全だ。流動性の高い不動産や株でもよい。ハイパーインフレになると、お金の価値が下がってモノが高くなるが、不動産はインフレに強い。流動性の高い物件を買っておくのも一つの自衛策だろう。

株も通貨よりインフレに強い。株は会社が生み出す富に裏打ちされている「モノ」である。真っ当な会社の株価は、少なくともインフレ率と同じだけ上がる。ただし、国家が破綻したら一蓮托生でダメージを受ける公共事業比率が高い会社の株は避けるべきだ。国家破綻の影響を受けない会社、とくにグローバル化している会社の株にすべきだろう。

③「稼ぐ力」を身につける

究極的にはこれしかない。モノではなく、「自分への投資」である。自分に投資し、世界のどこに行っても稼げる能力＝「稼ぐ力」を身につけておけば、国家破綻もハイパーインフレも恐れる必要はない。

自分の身は自分で守るしかないのである。

A

アメリカの出方次第では国債暴落もあり得る。SNSでの発信が契機になるかもしれない。その対策は三つしかない。

株価

Q なぜ日銀が株を〝爆買い〟しているのに株価が上がらないのか？

最近の株式市場でよく報じられるキーワードは「底堅さ」だ。日経平均株価（日経225）は2016年7月に1万6000円割れしても下値を掘ることなく、1万7000円台を回復。その後、再び下落したものの、秋からは上昇に転じた。2017年春以降は1万9000~2万3000円台で推移してきた。極端な底割れリスクが低くなったことから「底堅い」と言われているのだ。

その背景にあるのが、日本銀行とGPIF（年金積立金管理運用独立行政法人）による事実上のPKO（Price Keeping Operation＝株価維持策）だ。

たとえば、日銀はETF（Exchange Traded Fund＝上場投資信託）の年間購入額を6兆円に増やし、2019年3月末時点でETF市場の純資産総額の7割超、約38兆円を保有している。ETFは日経平均株価や東証株価指数（TOPIX）などと連動する運用成果を目指し、東京証券取引所などに上場している投資信託で、個別に投資先の会社を選ぶ必要がない。言わば目をつぶって網で魚を獲っているのである。

GPIFは約159兆円の年金積立金のうち約25％を国内株式に振り向けており、東証株価指数TOPIX（配当込み）などをベンチマーク（指標）として運用している。

そのGPIFや日銀は、個別の企業を精査して株式を買い入れたり、株価上昇に伴う利益確定売りをしたりしているわけではない。

本来、株式市場というのは個々の企業の業績を分析・評価しながら選別して売買するものだ。だが、日銀とGPIFは企業を選ばず、インデックス（株価指数）に沿って広く薄く投資する「パッシブ運用」が中心なのである。これは大企業の株を精査しないで〝まとめ買い〟しているようなものだ。その結果、上場企業が四半期ごとに公表している業績報告はほとんど意味がなくなり、業績が低迷して株価が下がってもおかしくない企業まで、軒並み株価が上がったり維持されたりしている。

日銀がＥＴＦを年間６兆円買うと、日経平均を２０００円ほど押し上げる効果があるという試算もある。それが「底堅い」とされる理由なのだ。

海外ファンドが逃げ出した

しかも、『しんぶん赤旗』（２０１８年８月８日付）によると、今や日銀とＧＰＩＦを合わせた公的マネーが、東証１部上場企業の３社に１社にあたる７２２社の実質的な筆頭株主になっており、東証１部の時価総額に占める割合も１割強に達しているという。

これは明らかに不健全な歪《ゆが》んだマーケットであり、「日銀とＧＰＩＦのおかげで底堅い」と喜んではいられない。

というのは、海外のファンドが急速に日本から逃げ出しているからだ。

前述したように、本来、株式市場というのは個々の企業の業績を分析・評価しながら選別して売買するものだから、上場企業の経営陣は自社株を買ってもらうため、多くのファンドに自社の将来性をアピールする説明行脚《あんぎゃ》をする。

たとえば、世界最強のソブリン・ウエルス・ファンド（政府が出資する投資ファンド）

と言われるノルウェーの政府年金基金を運用しているノルゲスバンク（ノルウェーの中央銀行）や、イギリスのエジンバラやアメリカのボストンなどにある有力な機関投資家を行脚するのだ。これは証券業界用語で「ロードショー」と呼ばれる。上場企業の経営者は、そのように努力して投資家に自社株を買ってもらい、そして保有し続けてもらうのが本来の姿である。

しかし、今は企業の経営戦略や業績よりも「時価に対する配当利回りはどれくらいか」が最も重視されるようになった。少なくとも3％以上の配当利回りが得られないと、年金基金を主とした機関投資家に買ってもらえないのである。そこでは将来性はあまり重視されない。

さらに、株価上昇が期待できる将来有望な個別銘柄を見つけて大きな儲けを狙う、あるいは逆に苦境にある企業の株式を空売りして利ざやを稼ごうとする海外のファンドにとっては、日銀とＧＰＩＦによるＰＫＯで値動きが小さい日本市場は、ダイナミックな面白味がない。だから今、彼らは続々と日本市場から撤退しているのだ。そのため、日銀やＧＰＩＦが買いまくっていても、株価はなかなか上に突き抜けられない状況になっているのだ。

そもそも株式とは、「企業が将来得るであろう利益を織り込んだ現在価値」だ。

その定義に戻ると、日本の上場企業の中に今後の成長＝株価が上昇する、と見込める企業がどれほどあるだろうか？　残念ながら、ほとんど見当たらないと私は思う。すなわち、現在の株価は全く実態を反映していないのである。

また、日銀とGPIFがインデックス買いをしているため、経営者は株価を上げるために自社の業績を上げようと必死で努力するというモチベーションがあまりなくなっている。逆に、自社の経営的な悪材料は積極的に公表することを避けるなど、できるだけ目立たないようにしている会社ばかりだ。日経225やJPX日経インデックス400に入ってさえいれば株価が大きく下がることはないから、リスクを取った勝負をしなくなり、経営の切れ味がなくなっている企業経営者が多い。これでは業績が伸びるわけがないだろう。

ババ抜きのババ

公的マネーによる「官製相場」は、これまで世界でも成功例がほとんどない。

たとえば中国は、政府が株式投資に対する税制上の優遇措置や年金基金による株式投資比率の拡大、大量の空売りをした業者の摘発といった様々な対策を講じて株価を維持しようとしてきたが、すべて裏目に出た。

ロシアの場合も、世界中で鉱物やエネルギーなどの資源関連株が暴落している時に、天然ガスのガスプロムや石油のロスネフチといった巨大国営企業の株を政府が買い支えようとしたが、全くうまくいかなかった。

官製相場が成功した稀な例は、リーマン・ショック後のアメリカくらいだろう。政府が無限にカネを注ぎ込んで、経営破綻の危機に直面したフレディ・マック（連邦住宅金融抵当公庫）やファニー・メイ（連邦住宅抵当公庫）を国有化して救済し、リーマン・ブラザーズ以外の証券会社や銀行はつぶさずにM&A（合併・買収）による生き残りを図って、5年ほどで事態を収束することができた。

しかし、基本的に官製相場が長続きすることはない。人為的な操作でマーケットが歪んでいるということは、それだけ大きなリスクを抱えているということだ。

このところ日本の企業や銀行や生命保険会社は、日銀とGPIFのPKOに乗じて株式の持ち合い解消をどんどん進めているが、これはいわばババ抜きのババを、日銀とGPI

Fが喜んで集めているようなものである。

もし、ジョージ・ソロスを何倍も強力にしたような海外のファンドが「日本市場は実態より3割以上も水ぶくれしている」などと喧伝して巨大な空売りを仕掛けてきたら、瞬く間に株は急落する可能性がある。ただし、そのファンドだけが戦いを仕掛けている場合は日銀やGPIFがさらなるPKOを発動するはずだから、資金力の差を考えると、致命的な状況にはならないと思う。

だが、それに伴い多くの機関投資家が国債を売り浴びせてきたら、どうなるか？　おそらく国債も一気に暴落する。

その場合、国債を最も大量に保有してフォアグラ状態になっている日銀が内部から〝インプロージョン（圧壊）〟を起こすだろう。その時に国債を買い支えようと慌ててお金を刷ったら、今度はハイパーインフレになって通貨の価値がなくなってしまう。つまり、今の日本には国債の暴落を止める手立てがないのである。

1000兆円を超える国の借金の大半を（将来世代から借りてきた返せる当てのない）国債で手当てしている日本の場合、ひとたび国債が暴落したら「ジ・エンド」だ。日銀のインプロージョンに伴い、銀行や生保なども連鎖的に倒れていくことになる。国民にとっては、虎の子の預金や保険がなくなってしまうという大変な事態になるわけだ。
今の日本は官製相場で「西部戦線異状なし」を演出しているわけだが、その実態は「帰らざる河」の極めて危険な状況に流されているということを、我々は肝に銘じておくべきである。

A

公的マネーによって買い支えられているが、今後の成長を見込める企業が少ないため、株価が上がらない。「官製相場」の成功例はほとんどなく、日本は大きなリスクを抱えている。

金融政策

Q 「マイナス金利」を導入しても景気が良くならないのはなぜ?

日本銀行の「マイナス金利政策」導入により、長期国債の利回りの低下、銀行の定期預金や住宅ローンの金利の引き下げなど、様々な影響が出ている。

マイナス金利の目的は銀行の貸し出しを増やして企業の設備投資や賃上げ、個人消費を促すとともに、円安・株高にして日本経済を上向かせるということだった。

しかし、それは不可能だ。実際、2016年1月のマイナス金利政策導入直後は円高・株安が進行し、日銀にとっては大きな誤算となった。

なぜ、マイナス金利政策を導入しても日本経済は上向かないのか? 理由は簡単だ。かねて指摘しているように、日本が「低欲望社会」になっているからだ。

今の日本は、企業部門も個人部門も資金ニーズがなくなってお金がダブついている。とりわけ個人は、死ぬまでにこれをやりたい、あの場所へ行きたいという欲望がなくなっている。たとえば、中高年世代の間で「百名山登山」や「城めぐり」がブームになっているが、それで消費が膨らむわけはない。お金を使う旅といっても、多くの人は年に1回か2回の短い旅行で満足している。

なかには高額なツアーに参加したり、高級なホテルや旅館に宿泊したりして散財する人もいるが、大半はいわゆる〝やけっぱち消費〟だ。

その象徴が、JR九州のクルーズトレイン「ななつ星in九州」である。3泊4日コースの2名1室料金は100万円以上もするが、予約の倍率は20倍以上、最も高い客室は100倍以上にもなっている。要は、資金に余裕はあるが、実際には「これを食べたい」「あそこに行きたい」という欲望が少なくて、自分で旅行計画を作る力もないという人が多いのだ。だから、とにかく楽にお金が使える手段として、移動・観光・食事・宿泊が全部パッケージになった「ななつ星」が人気を集めているのである。他のJR各社も、JR九州の真似をして「瑞風《みずかぜ》」だの「四季島《しきしま》」だのと同じようなことをやっているが、いずれも大人気だ。お金を使うのも自分で考えずに済むものを選ぶという、無精な状況に陥っているのである。

一方、若い世代では「所有する」ことによるコストや煩《わずら》わしさをマイナスと考える傾向が強まっている。

だから非婚化、晩婚化が進み、配偶者も子供も持たない人が増えている。都会の若い男性たちは、昔はデートの〝必需品〟と考えられてきた車も、コストがかかるし面倒くさいという理由で所有しなくなっている。若い女性の間では、山登りが好きな「山ガール」、釣り好きの「釣りガール」、歴史好きの「歴女」などがブームになって増えているというが、いずれも大してお金のかからない趣味である。

そういう老いも若きもお金のかかる欲望がなくなった社会では、いくら日銀が「異次元の金融緩和」で資金供給を潤沢にしたところで、誰も反応するわけがない。お金はいざという時のためにとっておく、くらいの存在になってしまったのだ。

アベノミクスの「3本の矢」（大胆な金融政策、機動的な財政政策、民間投資を喚起する成長戦略）は20世紀型の高欲望時代の経済対策であり、世界でも前例がない「低欲望社会」に突入している21世紀の日本では、ほとんど効果がないのである。

「老後破産」は本当か?

では、なぜ日本は「低欲望社会」になったのか? 戦後は長く「貯蓄」が〝国家戦略〟だったからである。たとえば私たちの世代は小学校で、日本は戦争に負けて貧乏な国になったから国民が勤勉に働いて貯蓄に励まねばならない、と教えられた。国が貯蓄を奨励して銀行にお金を集め、それを産業界に低金利で貸し出し、加工貿易立国として経済成長を図ってきたのである。

しかし、その一方で国民は「貯めたお金をどう使うか」「どのように人生を楽しむか」ということは教わっていない。だからバブル崩壊後のデフレ不況が20年続いても貯蓄が増え続け、個人金融資産は1990年の約1000兆円から現在は約1800兆円に膨らんでいる。不況の中で金融資産を800兆円、年間平均30兆円も増やすような国は、日本しかないだろう。そして、その大半は65歳以上の高齢者が持っている。最近は「老後破産」という言葉が話題になってますます消費者が財布の紐を締めているが、全体で見れば余裕がある高齢者のほうがはるかに多いのだ。

ところが、日本人の多くはそれに気づいていない。言い換えれば「死ぬまでに使える金額」を知らない。

本来、私たちは若いうちから「自分の現在価値がいくらなのか」ということを常に把握していなければならない。つまり、サラリーマンであれば、定年まで働いた時に得られるであろう給与収入と退職金、保有している金融資産、不動産、生命保険、年金、住宅ローンの残高などの現在価値を計算し、すべて合計すると自分は正味でプラスなのかマイナスなのか、今いくら使っても大丈夫なのか、ということを知っておく必要があるのだ。

これはアメリカやドイツなどでは当たり前のことであり、その計算は「エクセル」などの表計算ソフトや「クイッケン」などの家計ソフトを使えば簡単にできる。

日本人の場合、この計算をする前は大半の人が「自分はマイナス」だと思っているが、実際にやってみると、1500万～5000万円くらいプラスで（予定の）人生を終える人が多い。仮に、いま60歳の人が75歳まで元気で、1500万円の余裕があるとすれば年間100万円ずつ使えるわけで、それを実行するのはけっこう大変だ。それこそ毎年1回、夫婦で「ななつ星」や「瑞風」に乗るか、世界一周クルーズに出かけなければ使い切れない。

では、日本経済を上向かせるためには、どうすればよいのか？　高齢者をはじめとする国民がお金を使う気になり、１８００兆円の個人金融資産が市場に出てくる（消費に向かう）ように促さねばならない。

その有効な方策の一つは、高齢者から若い世代に資金を移転することだ。しかし、日本ではそれが非常に難しい。相続税は税率が10〜55％と高い上、基礎控除額が「３０００万円＋（６００万円×法定相続人の数）」でしかない。

生前贈与の仕組みを利用しても、実際には父母や祖父母が亡くなったらその時点でもう一度精算しなければならず、将来どれくらい贈与税・相続税がかかるかわからないので、子供や孫は贈与されたお金を自由に使うことができないケースが多い。そういうセコい仕組みは撤廃して、高齢者から若い世代への資金移転を推し進め、贈与された若い世代がお金を自由に使えるようにすべきである。ＯＥＣＤの国々が相続税を撤廃し、資産税に切り替えているのは、そのほうが成熟国では税収が見込めること、資産を譲与された人が税金を納めるので相続税よりも安定した徴税ができることなどのメリットがあるからだ。

やりたいことを全部やる

ただし、それより重要なのは、もっと日本の中で「人生とはそもそも何なのか」という議論をすることだ。なぜなら、世界中を見渡しても、お金をせっせと貯め込んで使わない国民は、日本人しかいないからである。

たとえば、リタイアしたアメリカ人は何をしているか？ 釣りが好きな人たちは仲間とクラブを作り、オーストラリアでのマーリンフィッシング（カジキ釣り）など世界中に出かけている。あるいは、メキシコ西部のバハ・カリフォルニア半島に囲まれたコルテス海という場所に行くと、ロサンゼルスやサンフランシスコから1500㎞も南下してやってきたアメリカ人の船ばかりだ。ヨーロッパの地中海やエーゲ海には、ノルウェー、スウェーデン、ドイツ、イギリスなどからジブラルタル海峡を越えてきたクルーザーやヨットがあふれている。

これらは決して「資産家の遊び」ではない。ごく普通の中流階級の人でも、趣味を突き詰めていけばそうなるのだ。

しかし、日本人はそういう優雅な遊び方をしない（できない）。したがって「人生とはそもそも何なのか」「働いてお金を貯めるだけでよいのか」という議論を通じてしか、日本人の行動は変わらないと思っている。

その中で「人生を楽しむ」ことを国ぐるみで教えることも必要だろう。たとえば、カルチャーセンターのようなところで50歳以上の人たちを対象に、自分なりの人生の楽しみ方について具体的に手ほどきする講座を開くのである。

さらに政治が国民に対して「みなさん、お金を使って人生をエンジョイしてください」「悔いのないよう、やりたいことを全部やってください」「万一の時は、国がセーフティネットを用意しているので安心してください」とメッセージを流す。

日本人はかつて「貯めろ」と教えられてその通りにしたように、（皮肉を込めて言えば）〝教育〟すれば実行できる人たちだ。「お金を使って人生を楽しむ」という教育をすれば意外と簡単に変わり、欲望が出てきて消費に向かうと思う。

こうした議論に対する反発の多くは「それでも、いざという時はどうするんだ？」というものだ。つまり、国が信用されていないのである。だから大前提は、いざという時には国がとことん面倒を見ます、と保証することだ。

そのようにして1800兆円の個人金融資産が消費に向かうようにすることが、日本の経済政策の根本である。言い換えれば、金利やマネタリーベース（資金供給量）をいじる20世紀型のマクロ経済政策ではなく「心理経済学」こそが、いま求められている成長戦略の要なのである。

A

「低欲望社会」に突入している日本では、「いざ」という時のためにお金をとっておくので、消費が拡大しない。

雇用と景気

Q なぜ失業率が低いのに景気は回復しないのか？

総務省が発表した2019年8月の完全失業率は「2・2％」。1992年10月以来、26年9か月ぶりの低水準になった7月と同率だった。

「失業率3％未満」の状況は、事実上の完全雇用とされる。完全失業者数は157万人で、前年同月より13万人減少した。厚生労働省が発表した2019年8月の有効求人倍率（全国）は1・59倍と高水準が続いており、人手不足は解消されていない。

しかし、国民に「好景気」という実感はない。そうした中で「失業率が低いのに、なぜ景気は良くならないのか？」という疑問の声を聞く。

「景気が悪くなると失業が増える」というイメージから、景気と失業率に相関関係があるように思われるかもしれない。たしかに昔はそうだった。しかし、実は日本のような「成熟国」では、両者は相関しないのだ。

たとえば、イギリスの失業率は1980年代は10％前後だったが、現在は4％を下回って史上最低水準になっている。マクロ経済学上は日本と同じく「完全雇用」に近い状態なので、飲食店などのサービス業は人手が全く足りなくなっている。ところが、国民の多くは「景気が悪い」「移民が仕事を奪った」と言ってブレグジット（EU離脱）を決めた。

アメリカの失業率も、現在は3％台で非常に低い。だが、中西部から北東部ニューイングランドにかけての斜陽産業が集中する「ラストベルト（錆びついた工業地帯）」は非常に景気が悪く、所得も低い。そしてラストベルトには、「プア・ホワイト」と呼ばれる白人の低所得者層が多い。この人たちが2016年のアメリカ大統領選挙で、2500万人の新規雇用創出や移民規制を公約に掲げたトランプ氏を熱烈に支持したのである。

こうした事例でわかるように、景気が良いと失業率が低く、景気が悪いと失業率が高いという相関関係は多くの国民の頭の中に染み込んでいるが、実際にはほとんどの成熟国では状況が異なるのだ。

失業率を下げる政策は意味がない

とはいえ、これまでは失業率が「景気の指標」の一つにされてきたから、一般的な考えでは「失業率を少しでも下げるために、政府がいろいろな政策を打つべき」「それが景気の刺激になる」と思われるだろう。

だが、今の日本のように失業率が低い国の場合、いくら政府が景気対策と称して公共事業や低所得者層に対する補助金などに予算を注ぎ込んでも、ほとんど効果はないのである。しかも、それは社会のマジョリティではなく、マイノリティのための政策になる。その結果、本当に重要な経済政策と実際の政策が大きくずれてしまう。

ところが、往々にしてマスコミは、経済的に自立して暮らしているマジョリティのことは取り上げず、失業などでとくに困窮しているマイノリティが、あたかも世間にあふれているかのように報じる。たとえば、昨今の新聞やテレビは「下流老人」や「老後破産」の問題を大きく取り上げている。だが、日本の個人金融資産1800兆円の大半を保有しているのは高齢者だ。つまり、大局的に見れば、高齢者の多くはゆとりのある生活を送っているわけで、「下流老人」や「老後破産」は全体から見れば極めて少数の問題なのである。

あるいは、2008年12月31日から翌09年1月5日まで東京の日比谷公園に開設された「年越し派遣村」のことを覚えている人も多いのではないか。失業者を支援するために、NPOや労働組合によって組織された団体が炊き出しや生活・職業相談、簡易宿泊所の設置などを行ない、当時は連日、大々的に報じられた。しかし、それ以降「年越し派遣村」は一度も開設されていない。なぜなら、これも極めて少数の問題だからである。

また、安倍政権は2020年までに待機児童ゼロを目指すと言っているが、地方自治体の首長ならいざ知らず、人口1億人を超える日本で数万人程度の待機児童をゼロにすることが国の骨太方針に出てくるのも同根だ。横浜でやったように児童1人あたりの面積規制を若干緩めるだけで、あるいは引退した高齢者が自宅を開放するだけですぐに解決するような問題を、従来の規制を前提に大騒ぎしているのはコメディとしか言いようがない。

にもかかわらず、マスコミが大きく取り上げると、政府はそれに反応し、マイノリティ向けの政策を場当たり的に繰り出す。「貧困者対策」が不要だとは言わないが、そこに税金を注ぎ込んで失業者を減らすことを「景気刺激策」だと考えるのは、大間違いだ。

日本の景気は、現実を見れば「そこそこ」である。さほど良くはないし、さほど悪くもない。選挙の時などに街頭インタビューやアンケート調査で「政治に何を望むか？」という質問をされると、「景気を良くしてほしい」と答える人が多い。だが、本当に景気が悪い国に行ったら、路頭に迷っている人が街にあふれている。そういう光景は日本のどこにもない。

政治家もマスコミもマイノリティに迎合した政策ばかりに関心が向くから、多くの国民が「失業したらどうしよう」「自分も下流老人になったり、老後破産したりするんじゃないか」と不安を募らせ、マインドが内向き・下向き・後ろ向きの「低欲望社会」になっている。だから個人消費が一向に拡大しないのだ。

景気は「フィーリング」で決まる

もはや日本のような成熟国では、失業率で景気は計れない。というより、景気を計る明確な指標はない。

なぜなら、景気はみんなの「フィーリング（感覚）」や「サイコロジー（心理）」で決まるからだ。そして、このフィーリングやサイコロジーというのは、前述したマスコミの〝偏向報道〟によって拡大・拡散される。つまり、日本の景気がなかなか回復しないのは、フィーリングやサイコロジーの問題なのである。

しかも、そもそも今の日本はモノが充足している。たとえば、家電製品や自動車などの耐久消費財は、それらを必要としているほぼすべての人が所有している。その耐久期間が6年とすると、買い替え需要が毎年6分の1ずつ出てくる計算になる。

しかし、実際には家電製品も自動車もなかなか壊れないので、直ちに欲しいモノというのは意外と少ない。このため人々は少しでも「景気が悪いな」「今後は給料が下がるかもしれないな」と思ったら、財布や貯金に余裕があっても買い替えサイクルを7年、8年に延長する。その反対に「景気が良いな」「給料が上がりそうだな」と思ったら、買い替えサイクルを5年、4年に短縮する。

つまり、個人消費を拡大して日本の景気を上向かせるためには、国民の不安を解消し、フィーリングやサイコロジーを「お金を使おう」という方向に動かすべきなのである。特に、この国の個人金融資産1800兆円の大半を保有している高齢者のフィーリングやサイコロジーを変えることが重要だ。彼らの「貯蓄は美徳」というカルチャーを「人生は楽しんでナンボ」へと本質的に変革するとともに、漠たる不安を解消する安心システムを作り、「元気なうちにお金を使って人生を楽しもう」という心理にして、今は〝死に金〟になっている1800兆円がマーケットに出てくるように仕向けなければならない。

それこそが政府が取り組むべき最優先課題であり、そこにターゲットを絞った政策を打つことが、真の景気刺激策になるのだ。

20世紀に他国で展開された金利やマネーサプライ（マネタリーベース）をいじるマクロ経済政策をそのまま信じて展開するアベクロバズーカほど的外れなものはない。7年目になっても成果が出ていないのに、何の反省もない。こうした昔の学説を大胆に展開する〝秀才〟は、個々の日本人の生活や心理を全く理解していない。患者の診断をしないで旧式のテンプレートから処方箋を書くヤブ医者と言っても過言ではないのだ。

A 日本のような「成熟国」では景気と失業率は相関しない。いくら政府が景気対策に予算を注ぎ込んでも、ほとんど効果はない。

経済指標

Q「GDPを引き上げる」ことがそんなに重要なことなのか?

アベノミクスの「3本の矢」(大胆な金融政策、機動的な財政政策、民間投資を喚起する成長戦略)が失敗に終わったことは、誰の目にも明らかだろう。その反省もないまま、安倍首相は、2015年秋に「新・3本の矢」を打ち出した。

①希望を生み出す強い経済
②夢をつむぐ子育て支援
③安心につながる社会保障

②は合計特殊出生率を1・8に引き上げること、③に関しては介護離職者をゼロにすることを目標に掲げた。どれも達成するのは至難の業だと思うが、最大の問題は①である。「強い経済」の具体的な目標が「名目GDP（国内総生産）600兆円を実現する」ことだからだ。

GDPとは、国民が生み出す付加価値の総和だ。もちろん、マクロで見れば伸びたほうがよい。だが、日本の生産年齢人口（15〜64歳の人口）は年々減少していく。生産年齢人口が減っていく中で、GDPを引き上げるという発想は間違っている。現状のGDPを維持するのも難しいからだ。

GDPを引き上げたいなら移民を受け入れるしかない

GDPを引き上げる方法は、大まかに言って二つある。

一つは、労働力人口を増やすこと。これは単純な計算である。一定の付加価値を生み出す労働者が1000人いるのと、1万人いるのとでは、自ずからGDPの額は異なる。労働者が増えれば増えるほど、GDPは積み上がっていく。

ではどうやって労働力人口を増やすか。出生率を引き上げるという話になるが、これに特効薬はない。仮に一組の夫婦が2人以上の子供を産むようになったとしても、その効果が現れるのは、その子供が社会に出る20年後だ。時間がかかりすぎる。

実際、世界保健機関（WHO）がまとめたデータ（2013年）によれば、「中央年齢」（上の世代と下の世代の人口が同じになる年代値）を調べると、日本は45・9歳で、183か国中最も高齢である。これを見ても、日本の人口は増えるどころか、減らざるを得ないことがわかる。

人口が爆発的に増加しているインドは26・4歳（97位）、バングラデシュは25・1歳（107位）、フィリピン23・0歳（117位）、エチオピアに至っては18・2歳（164位）である。これらの国々は急速にGDPを伸ばしているが、これはかつて人口が爆発的に増えた終戦直後の日本と同じである。

労働力人口が増えれば、放っておいてもGDPは増加する。いわゆる「人口ボーナス」（人口増で経済成長が後押しされる状態）だ。中国のGDPの伸びが鈍化したのは、人口ボーナスの恩恵が終わったからである。

子供の増加に頼れないなら、あとは「移民」しかない。

だが現状では、日本は移民政策を推進していない。2019年4月に改正入国管理法が施行され、外国人労働者受け入れに舵を切ったというが、本格的な移民政策と呼ぶにはほど遠い。もし政府が積極的な移民政策に踏み切るとしたら、今度は移民への教育費用がかかる。日本語、社会慣習、商慣習といったものを教育しなければならない。言葉や慣習、文化などが理解できないまま日本で働き、生活することになれば、軋轢《あつれき》やトラブルを生んでしまうからだ。

移民を受け入れるためには、こうした教育費用が必ず必要になるのである。つまり、初期費用がかかる。そしてこれも、効果が現れるのはかなり先だ。私自身は、日本は移民政策を推し進めるべきだと考えているが、現在の場当たり的でお粗末な外国人受け入れ制度では、人手不足の解消もままならず、ましてGDP引き上げ効果など望むべくもないだろう。

無理にGDPを上げれば、失業者が増える

GDPを引き上げるもう一つの方法は、政府が企業に「補助金」を投入することだ。そ

れで産業が発展し経済成長が促されるならよいことだと思われるかもしれないが、この補助金によって圧迫されるのは、実は労働者だ。

なぜか？　政府が補助金投入によって促すのは、設備投資である。安倍首相も、企業に向かって「さらなる設備投資の拡大を要請する」と繰り返しているが、設備投資によって何が引き起こされるか、考えてみてほしい。それは業務のいま以上のロボット化、ＡＩ（人工知能）の導入だろう。効率化されることで、企業の業績はアップするかもしれないが、大量の労働者がはじき出される。つまり、失業率は拡大する。

労働者は、大まかに三つに分類される。

・ブルーカラー（単純労働）
・ホワイトカラー（定型業務）
・ホワイトカラー（クリエイティブ）

この中で最も割を食うのは、定型業務のホワイトカラーだ。日本企業は、定型業務に関してはまだ効率化がなされていない。この分野にロボットやＡＩが導入されることは必至だ。そうすると、事務職の人間はどんどん不要になってくる。

ブルーカラーは意外と持ちこたえる。たとえば、24時間営業の店舗などは防犯上の問題もあり、複数の人間を配置しなければならない。そうした人頼みの仕事は非常に多いので、「人」が必要なブルーカラーの労働は、しばらくはなくならないだろう。

ＧＤＰを引き上げるために補助金を投入すれば、定型業務のホワイトカラーを中心に、世の中に失業者があふれることになる。失業者を救済するためには、多額の税金が必要だ。結局、いくら企業に補助金を投入しても、企業業績アップで得た税金を失業者救済で消費してしまう。元の木阿弥だ。そして日本では、こうした負のサイクルが20年近く続いているのである。「ＧＤＰを引き上げる」という目標がいかにナンセンスか、ということがおわかりいただけたと思う。

個人の付加価値を上げよ

国の目標をＧＤＰに置くのは間違っている。だが、ビジネスパーソンそれぞれが、「自分の1人あたりGDP」を意識することは大切だ。

「1人あたりGDP」は、その人間が「どれだけ付加価値を生み出せるか」ということである。国がどうの、会社がどうのという発想ではなく、「自分にどれほどの価値があるか」という観点で、自分を見直すのだ。

たとえば、日本国内で頭打ちなら、「人口ボーナス」が期待できる海外に行って勝負する。かつて日本で有効だったビジネスモデルを、新興国に持ち込むのだ。

あるいは、クリエイティブで勝負する。たとえば、強いブランドはいくら高価でも買い手がつく。そんな商品を生み出すクリエイティブな労働者になるべきである。つまり、個人個人が自分の付加価値を上げるわけだ。

GDPが目標になり得ない時代だからこそ、個人個人の付加価値＝「稼ぐ力」が重要になってくるのだ。

A 労働力人口が減る中でGDPを引き上げるのは難しい。そのために補助金を投入すれば、失業者が増えるだけだ。

地価とマンション

Q 東京オリンピックを機に不動産価格が下がるという話は本当か？

「不動産」というのは文字通り、動かない資産だから不動産という。一方、債権などは動きのある資産だから「動産」だ。しかし最近の動きをみると、金融緩和によってあふれているマネーの投資先として、不動産市場が活況だ。不動産が動産として扱われ始めているのである。

多くの経済評論家たちは、日本の不動産価格は「２０２０年の東京オリンピック・パラリンピックがピークになる」と主張している。だが、これは大きな間違いだ。実際は、すでに２０１６年の夏ごろをピークに、不動産市場はおかしくなり始めている。バブルは、いつはじけてもおかしくないのだ。

なぜか？

その理由を知るために、まず日本を取り巻く不動産状況を分析してみたい。

現在の不動産が活況だと思われている理由の一つは、リート（ＲＥＩＴ）の存在だ。リートは、「Real Estate Investment Trust」、不動産投資信託の頭文字を並べた造語で、アメリカでは１９６０年代に登場した。その市場は１９９０年代になって急拡大し、アメリカでは２００を超えるリートが株式市場に上場され、有力な金融商品となっている。

リートの基本的な仕組みはこうだ。リートを運営する投資法人が、投資家から多額の資金を集め、その資金をオフィスビルなどの不動産に投資し、そこから生まれるテナント料などを投資家に配分するというものだ。

日本では、２０００年に従来の「証券投資信託法」が改正されたことで、リートが解禁となった。「日本版リート」や「Ｊリート」と呼ばれている。２００１年９月に初めて上場され、急拡大を続けている。日本のリートの時価総額は、約15兆円にのぼる（２０１９年８月末現在）。

リートが広がる前は、不動産に投資しようと思った場合、多額の資金が必要だった。だが、リートの場合は1口20万～100万円ほどと、少額での投資が可能だ。当然のことながら、物件の維持・管理も必要ない。お手軽に、しかも複数の物件に分散投資できるという使い勝手の良い金融商品なのである。これによって不動産は「動産化」したのだ。

お金を貯め込む日本企業

ここまでリートが広がったのは、利回りによるところも大きい。

リートの平均利回りは3・6％を超える（2019年8月末現在）。なかには8％近い商品もある。

これほどの利回りの商品は、日本国内ではなかなかお目にかかれない。たとえば、株式配当でいえば、日経平均の平均配当利回りは2・2％、東証一部上場企業の平均配当利回りも2・0％、ジャスダックも1・9％だ（2019年9月末現在）。銀行の金利に目を転じれば、定期預金でもオリックス銀行の0・3％が最高（3年・100万円以上）で、普通預金になると、大手銀行は軒並み0・001％である。国債に至ってはマイナス金利である。

つまり日本では、極端なリスクを取らない限り、たとえ現金を10年間運用したとしても、利息や利益が得られない状況にあるのだ。

一方で、日本国内にはお金があり余っている。

財務省が公表した2018年度の法人企業統計によれば、企業の「内部留保額」は、過去最高となる約463兆円。第二次安倍政権がスタートした2012年12月から、なんと6割以上も増加した。

この傾向は、一般家庭にも当てはまる。前述のように、日本人全体の金融資産総額は年々増加し続け、1800兆円を超えている。2人以上の世帯の平均貯蓄残高は1752万円だ（総務省「2018年家計調査」）。

この余っているお金を、どうやったら増やすことができるか？

自分で不動産を購入しようとすれば、長期ローンを組まざるを得ず、その期間、負債を抱えることになる。定期預金も国債も何のプラスにもならないということになれば、リートの平均利回り3・6％に目が行くのは当然なのである。

日本の地価が上昇しているという錯覚

リートの活況は、株の買い方の変化ともつながっている。

これまで日本の株式市場は、企業の業績、あるいは業績予測と連動していた。そんなの当たり前じゃないかと思われるかもしれないが、実際はそうではない。機関投資家たちは、企業業績を全くと言ってよいほど気にしない。ポイントは「配当利回り」。それだけだ。

1000円に対して30円の配当なら、配当利回りは3％だ。3％以上ならば「買い」となる。同様の理由で、平均利回り3％を超えるリートも「買い」なのだ。

ここでリートの配当の仕組みを思い出してほしい。リートは、入ってくる予定のテナントの賃料を担保にして売り出している。ということは、テナントが入らなければ、いずれ破綻してしまうのである。

日本の地価は上昇を続けているから、当面破綻することはないと思われるかもしれない。実際、国土交通省が発表した最新の公示地価（2019年1月1日時点）は、全国平均で商業地は4年連続、住宅地も2年続けての上昇となった。だが、これはあくまで「前年比」である。

たとえば、２０１６年の平均坪単価は41万１２９０円である。第一次安倍内閣が安倍首相の政権放り出しで瓦解した２００７年の平均坪単価は40万２７５５円だった。つまり、この時の水準に戻ったにすぎない。20年前の１９９６年は、バブル崩壊後にもかかわらず、平均坪単価は60万７８６１円だった（ｗｅｂ「土地価格相場が分かる土地代データ」より／www.tochidai.info）。土地価格が上昇しているというのは数字のマジックであり、一種の錯覚だ。

その一方で、東京23区内の事務所着工床面積は、２０１３年からほぼ毎年増え続けている。２０１７年は約１８２万平方メートルで、前年の約１・３倍に増加した（東京都都市整備局「東京の土地２０１７（土地関係資料集）」）。

着工が増えている背景には、リートの活況がある。それによって施工者が建設資金を集めやすくなっているのだ。施工者は需要を見込んでいるのだろうが、これが非常に疑問なのである。

中国人の不動産投資は急激に減少

その理由を説明しよう。

日本の不動産の活況の背景に外国人資本家——とくに中国人の存在があったことは論を俟《ま》たない。「爆買い」は2015年の「新語・流行語大賞」に選ばれていたが、まさに不動産も中国人によって爆買いされていたのである。タワーマンションを建設すれば、最上階のペントハウス型の高額物件は、中国や香港の人たちに買い占められていた。中国の投資熱が、日本の不動産市場に流れ込んでいたのである。

だが2016年末、日本の不動産市場に冷や水を浴びせる発表が、中国当局からなされた。

中国の国家外為管理局（SAFE）は、2016年12月31日、人民元を外貨に両替するすべての国民に対し、年間両替枠の5万ドル（約550万円）を中国国外での不動産投資に使わないという誓約書に署名することなどを義務付けたのだ。また、銀行間の送金に関しても、中国国内での「高額現金取引」の基準が、従来の20万元（約320万円）から5

万元（約80万円）にまで引き下げられた。企業に関しても、２００万人民元以上、外貨は20万ドル相当以上であれば、銀行は監督機関に報告しなければならない。

中国人の不動産の爆買いは、家族がそれぞれ何回にも分けて外貨を持ち込むか、あるいは地下銀行を通して日本の銀行口座に移すという方法によって支えられていた。それらが中国当局の監視強化で難しくなってしまったのだ。

五輪は不動産市場の起爆剤にあらず

中国人に頼らずとも、２０２０年の東京オリンピック・パラリンピックがあるから景気は良くなるはず、という論がある。だが、五輪景気で沸くのは、インフラ投資が功を奏する新興国だけだ。ロンドン五輪（２０１２年）も、リオデジャネイロ五輪（２０１６年）も、景気が良くなるどころか、五輪後は大きく落ち込んでしまった。

日本も同様だと思う。五輪に関わるインフラ投資はたかが知れている。たとえば、ボート・カヌー（スプリント）会場は、もめにもめた挙げ句、計画通り「海の森水上競技場」（東京臨海部）で行なうことが決まったが、周辺にショッピングモールが進出するわけでも、オフィス街ができるわけでもない。「海の森水上競技場」がポツンとできたところで、その他の需要が喚起されるわけではないのである。

マンションの需要は、五輪とは何ら関係ない。実際、2016年の首都圏マンションの契約率は68・8％で、2009年以来の70％を割り込む事態になり、その後も60％台が続いている。一方で、平均価格は2019年上半期に6000万円台に上がり、高止まりが続いている（不動産経済研究所「首都圏マンション市場動向」）。

これは何を意味しているのか？

マンションは、中国人を当て込み、2LDK以上の高額な物件を多数供給している。だが、それを購入するはずだった中国人は不動産市場から撤退しつつある。さらに、日本の世帯数は2019年の5307万世帯をピークに減少していく（国立社会保障・人口問題研究所「日本の世帯数の将来推計（全国推計）」）。

現在、千代田区や中央区は1990年代半ばから人口増に転じているが、これは主に引退した高齢者の都心回帰だ。かつて1時間半かけて郊外から通勤していた人たちが、子供の独立などを機に都心に戻ってきているのである。だが、彼らが中国人と同じようなハイエンドの住居を求めているかと言えば、そうではない。1LDKでかまわないのである。そして彼らに続く世代には、都心回帰する余裕がない。都心回帰の流れは、間もなく頭打ちなのである。

オフィスも同様で、すでに供給過剰だ。需要よりも供給が多いのだから、リートの配当原資であるテナント料は望むべくもない。近い将来、リートの平均利回りは3%を切るだろう。実際、すでに2%台のリートが出回り始めている。

つまり、日本の不動産ミニバブルは、実質的には、もうはじけているのである。リートから資金が逃げ出せば、瞬く間に不動産は売りが売りを呼び、価格は下がっていくことになる。これから不動産やリートを買うと、失敗につながる可能性が高いだろう。何らかの事情で不動産が必要ならば、今はキャッシュを温存しておいてバブルが完全に崩壊してから買えば、今よりずっと割安で買うことができるはずだ。

A 中国人による日本の不動産投資は減少し、価格は下落傾向にある。ミニバブル崩壊後が不動産購入の狙い目。

年金危機

Q 日本の「年金」は、現実にはいつまで維持できるのか？

厚生労働省は、2019年度の公的年金の受取額を前年度比で「0・1％」引き上げた。厚生年金を受給している夫婦2人のモデル世帯の場合、月額が227円増えて22万1504円になった。4年ぶりのプラス改定となったが、年金の伸びを抑える「マクロ経済スライド」を4年ぶりに発動し、改定率を賃金や物価の伸びより抑えた。

いったい年金はどうなっていくのか？

国民年金の未納率は相変わらず4割近い。ますます少子高齢化は進む。年金の先行きに不安を感じる人は少なくないはずだ。

はっきり言おう。

日本の年金はすでに破綻している。

恐るべき人口ピラミッド

何をもって「破綻」というか。

左の２０６５年の人口ピラミッドの予測図を見ていただきたい。生産年齢人口（15〜64歳の人口）が、年金受給者である老年人口（65歳以上の人口）を支え切れなくなることがわかるだろう。

年金が維持できるか否かのジャッジは、少なくとも数十年先まで見て成り立っているかどうかで判断する。日本の将来推計人口の予測（国立社会保障・人口問題研究所「日本の将来推計人口（平成29年推計）」より）は、衝撃的だ。

日本の総人口は、２０１５年に1億２７０９万人だったが、２０５３年には早くも1億人を割り込み、２０６５年には3割減の８８０８万人にまで減少する。しかも、この数字は合計特殊出生率を5年前の推計の１・３５から１・４４へと上方修正した上でのものだ。

数字の操作で1億人割れを先延ばししただけで、実際はもっと早く1億人を割り込むので

2065年の日本の人口動態（デモグラフィー）

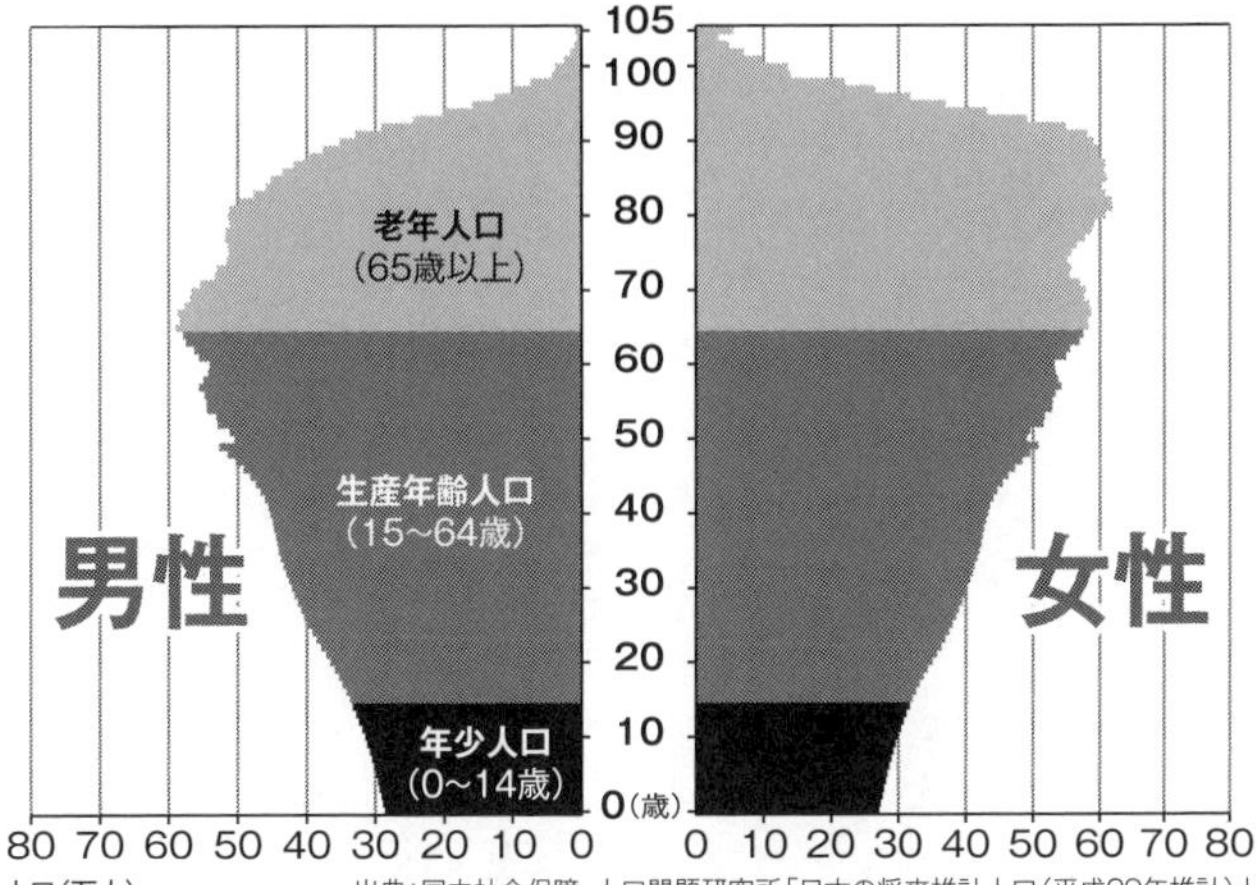

出典：国立社会保障・人口問題研究所「日本の将来推計人口（平成29年推計）」

はないか。

　これは、「働き手が急激に減少する」ということだ。実際、この推計結果によれば、総人口に占める生産年齢人口の割合は２０１０年の63・8％から減少を続け、２０１７年には60％（７５９６万人）になった。２０６５年には人口の約半分、51・4％まで落ち込むと予測されている。

　では老年人口はどうか。

　２０１０年に23％だった老年人口は、２０１５年には４人に１人を上回る26・6％（３３８７万人）に達し、２０１７年は27・7％（３５１５万人）になった。それが、２０６５年には38・4％。すなわち５

人に2人が65歳以上となると予測されている。つまり、現役世代1・3人で高齢者1人を支えなければならない。日本は複数の現役世代で1人の高齢者を支える「ピラミッド型」ではなく、「肩車型」に向かっているのだ。

戦争でも起きない限り、この人口ピラミッドの形は維持される。日本の年金制度は、現役世代が納入した年金を、年金受給者が受け取る「賦課方式」という仕組みだ。生産年齢人口が多くなければ、この制度はそもそも成り立たない。だからすでに「破綻」しているのだ。

カリフォルニア州の成功

ダムを思い浮かべれば簡単だろう。日本の年金は、渇水寸前のダムのようなものだ。流れ込む水（現役世代の昇給、生産年齢人口など）が減っていくのに、水の放出量（年金受給者の数）は年々、しかも急速に増え続けている。流入量が増えずに放出量が増加しているのだから、早晩、ダムが空っぽになるのは当たり前だ。

日本の年金設計は、戦後すぐに始まり、1959年に国民年金法が制定された。いわば流入量が増え続けていた時代――人口増が当たり前の時代に制度設計されたものである。つまり、生産年齢人口が年々マイナスになっている現代においては、そもそも成り立たない制度なのだ。

では、年金の〝流入量〟を増やすにはどうすればよいのか？

先例がある。アメリカのカリフォルニア州だ。ここは移民を増やすこと――生産年齢人口の増加で年金問題を好転させた。

カリフォルニアでは、海外からの移民が約3割を占める。カリフォルニア州の米国外出生率は27・1％（２００８～２０１２年）であり、人種構成は白人系39・4％に対し、ヒスパニック系はほぼ同率の38・2％。移民によって生産年齢人口が増えたことで、65歳以上の老年人口は12・1％にすぎない（２０１４年3月／日本貿易振興機構「ロサンゼルススタイル」より）。

カリフォルニア州には、全米第1位の規模を誇る年金基金「カルパース（CalPERS）」（カリフォルニア州職員退職年金基金）があるが、全米第2位もカリフォルニア州の「カルスターズ（California State Teachers' Retirement System＝CALSTRS）」（カリフォルニア州教職員退職年金基金）である。移民の流入が、カリフォルニア州の経済と年金を支えているのである。

法務省入国管理局によると、日本では２０１８年末現在、総人口の約２・２％にあたる約２７３万人の外国人が暮らしているが、積極的に移民政策をとっているわけではない。年金を維持するためには労働力人口を増やすしかないが、移民受け入れには反対意見も多いから、一筋縄ではいかないだろう。

レーガンは「制度変更」で乗り切った

年金制度そのものを変えてしまうという手もある。それをやったのが、アメリカのロナルド・レーガン大統領だ。レーガン政権時代の年金改革である。

年金には大まかに分けて、「確定給付年金」と「確定拠出年金（４０１ｋ）」がある。日本の公的年金は前者だ。まず、将来の給付額を確定し、国が年金資産を一括して管理する。ポイントは、個人別に運用しているわけではなく、現役世代が納付した保険料が受給者に回されているということだ。

一方で、401kは、拠出額（掛け金）を先に決定する。一番の違いは加入者ごとに資産を運用・管理することで、いわば自己責任だ。運用がうまくいけば、多額の給付が受けられるが、そうでなかった場合は給付額が少なくなる。

1981年、レーガンが大統領に就任した時点で、すでに公的年金であるソーシャル・セキュリティの財政問題が深刻化していた。1983年にも給付に必要な資金が枯渇すると予測されていたのだ。それまでは細かな法改正で対応してきていたが、それも限界に近づいていた。

そこでレーガン大統領は、まず公的年金の受給開始年齢を67歳に引き上げた。ここまでは日本の政府がやろうとしていることと同じだ。レーガン大統領はそれだけでなく、確定給付年金を401kへと変更したのである。年金を自己責任でやれ、というわけだ。

その代わり、その原資として大幅減税も一緒に実施した。このため国民から反対の声は上がらなかった。

レーガノミクスと呼ばれる一連の経済改革は、年金改革が一つの肝だったのである。それと同時に軍事費増強など政府支出の拡大による財政出動と減税や規制緩和などで経済を活性化し、「強いアメリカ」を復活させたのだ。

一方のアベノミクスはどうか？　規制緩和とは名ばかりで一向に進まない。挙げ句の果てには高等教育無償化を打ち出し、選挙目当てのサービス合戦を始めた。

レーガノミクスは１９８１年の時点で40年以上先の２０２５年を見据えて改革を断行したが、アベノミクスは目先１～２年のことしか見ていない。だから、予算に関しても一次補正、二次補正、三次補正と、見せかけの景気を保つためにジャブジャブとカネを注ぎ込む。年金は「国家百年の計」として考えなければならないが、安倍政権には不可能だろう。

年金受給開始は75歳へ

では、抜本的な制度改革をやる気がないなら、政府はどうするか？

それは、退職年齢の引き上げだろう。彼らは「75歳」まで引き上げることを考えているのではないか。75歳まで身を粉にして働いてください、というわけだ。同時に、年金受給開始年齢も75歳まで引き上げる。悲しいかな、日本にはもはやこんな手段しか残されていないのである。
繰り返すが、いくら政府が言い繕《つくろ》っても、日本の年金はすでに「破綻」している。太平洋戦争の時も、1942年のミッドウェー海戦で大敗後、敗走に次ぐ敗走を重ねたが、政府は偽りの大本営発表を繰り返し、国民に「日本は勝っている」と信じ込ませた。再び同じ過ちが繰り返されているのである。日本政府は、常に国民を裏切ってきた歴史がある。「お上が老後を何とかしてくれる」というのは、幻想なのだ。

A 日本の年金制度はすでに破綻している。年金の〝流入量〟を増やすには、移民を増やすか、制度そのものを変えるしかない。

税制

Q 税金を上げたら景気悪化、下げたら財政危機…どうすればいい？

景気回復のためには、税金を下げるべきなのか。いや、下げたら財政破綻するのではないか。財政健全化のためには、税金を上げるべきではないか。いや、上げたら景気が冷え込んでしまうのではないか――。

税金をめぐるこうした不毛な議論が日本では長年続いているが、そもそもこの議論からは一つの大事な視点が抜け落ちている。それは、「税金で何をするか」という視点である。

たとえば、福祉国家と呼ばれる北欧を見てみよう。

個人が負担する社会保障費と支払った税金を合わせた「国民負担率」（対国民所得比）を見ると、デンマーク70・1％、フィンランド63・8％、スウェーデン56・0％、ノルウェー50・1％と、非常に負担が重い。一方の日本は、42・2％と5割を切っている。韓国は36・8％、アメリカは32・7％と、ともに3割台だ（財務省「国民負担率（対国民所得比）の国際比較（ＯＥＣＤ加盟33カ国）」）。

スウェーデンを例に取ると、国民の平均は56・0％だが、労働者に限って言えば実質収入の4分の3、75％を国に支払っている。このお金を国は福祉、とくに子供に使っているのである。

スウェーデンも日本と同じく1990年代後半に深刻な少子化となり、1998年には合計特殊出生率が1・5に落ち込んだ。しかし、様々な施策が功を奏し、12年後の2010年には1・98まで回復。最新データの2016年でも1・85と高位安定している。

そして、スウェーデンで子育てをすると、ほとんどお金がかからない。出産費用は国が負担。育児休暇は両親合計で480日も取得でき、そのうち390日間は給与の8割が補償される。さらに、2年半以内に次の子を産むと、先の子の出産の休業直前の所得の8割が育児休業中に再び補償される。保育所も充実していて、小学6年生まで預かってくれ、費用の9割は国の負担だ。

では、高齢者はどうか。

介護のレベルも高く、ケアテイカーと呼ばれる税金で雇われた介護従事者が、老人一人一人を手厚く介護してくれる。

スウェーデンでは、雇用が自由化されているのが大きなポイントだ。会社はいつでも従業員をクビにできるようにした。その代わり、失業保険は充実していて、失業者への再教育も手厚い。国が労働者に新しいスキルを身につけさせて、会社はその人材を再び雇用する。

たしかに国民の負担は大きいが、その代わり失業リスクも少なく、子育ても老後も政府が面倒を見てくれる。将来に対して安心していられるので、稼いだお金は貯蓄ではなく消費へと向かう。好循環だ。将来が不安で、「いざという時のために」と、なけなしのお金を貯蓄に回す日本とは大違いである。

所得税を下げて税収が上がったロシア

では、税率を下げれば財政破綻するのかと言えば、そうではない。

たとえばロシアでは、ウラジーミル・プーチン大統領が２００２年から減税を行なった。それ以前は年収が５０００ドルを超えると、所得税が最高税率の30％に達していた。給与所得があるほとんどの人が最高税率を適用されてしまうため脱税が横行し、ロシアマフィアによる地下経済が膨大な規模になっていた。税率が高いのに国庫への収入が少ないという皮肉な結果になっていた。

そこで、プーチン大統領は発想を逆転させた。所得税の税率を一律13％に引き下げたのだ。大幅な減税である。一方、マフィアに対しては「不正は許さない」という姿勢を明確に示し、脱税者を徹底的に罰した。脱税すれば重罪となり、所得税は下がったとなれば、税金を素直に支払ったほうが得だし、身の安全にもなる。その結果、大幅な税率ダウンにもかかわらず、税収は逆に25％も増加した。

プーチン大統領はボリス・エリツィン大統領の後を受け、２０００年に第2代大統領に就任して以来、長らくロシアのトップにあり、高い支持率を保っている。その理由は、プーチン大統領のナショナリズムを煽るような「強さ」にあるのではなく、むしろ、この時の税制改革が大きい。

レーガン大統領が行なったレーガノミクスも税率を下げて景気を浮揚させ、税収を増やす結果につながった。アメリカ、ロシアの両大国は、減税によって財政を再建したのである。税収を下げれば財政破綻するというのは、日本の財務省による刷り込みにすぎない。

法人税減税は意味がない

では今後の日本は、スウェーデンを目指すのか、ロシアを目指すのか。

日本の場合は、毎年のように社会保障費が増え、国民負担率だけ徐々にアップしている。国民負担率を上げるなら、スウェーデンのように「最後まで国が面倒を見ます」と宣言すればよいのに、それをしない。すると、どうなるか。将来に対する不安だけが大きくなり、貯蓄、生命保険、年金と何重にも投資することになる。当然、消費は活性化しない。

そもそも、日本の税負担はそれほど重くない。

たとえば消費税。デンマーク、スウェーデン、ノルウェーの北欧3国は25%。フィンランドも24%だ。フランス、イギリス、オーストリアは20%。中国は17%だ。軒並み日本よりも高い。ところが、これまで日本では、消費税を導入した内閣はもとより、税率引き上げを提案した内閣は、ことごとく倒れてきた。日本人は目先の損得しか見えていないのではないかと思う。

また、第二次安倍内閣になって、法人税は減税された（37％を29・97％に減税。2018年度には29・74％に引き下げた）。政府は法人税減税によって外国の投資や外国企業の進出を呼び込むと主張しているが、それは非現実的だ。

ヨーロッパの法人税は平均25％である。ちなみにアイルランドは12・5％。ドイツは29・79％だ。日本とほとんど変わらないか、日本よりはるかに安いのである。

アジアに目を移すと、シンガポールは17％、韓国は10～22％、ベトナム、タイは20％。ことごとく日本より低く、労働賃金も日本より安価だ。外国企業がわざわざ日本を選ぶ理由があるとすれば、マーケットか人材に魅力を見いだした場合だけだろう。少しぐらい法人税を下げても、大きな変化は起きないのである。

しかも、減税した分を日本企業が投資に回すかと言えば、そうではない。内部留保、もしくは配当に回るだけである。

所得税と法人税を廃止せよ

日本の場合は、税率を細かくいじるのではなく、税制全体を変えるべきである。所得税と法人税は、下手にいじるとマイナスにしかならない。上げれば消費が冷え込むし、現段階で下げれば、将来への不安から貯蓄にしか回らない。

日本はすでに超高齢社会を迎えた「成熟国家」だ。成長は止まったが、資産だけは増え続けている。だったら、そこから薄く広く取ればよい。成熟国家という実情に合わせた制度に抜本改革すべきである。

具体的には、以前から私が提唱している「資産税」の導入だ。

日本は現在、所得税や法人税のようなフロー、すなわち流動する経済数量に対する課税を中核とする税制だ。しかし、成長が止まった成熟国家でフローに頼っていたら、税収が増えるはずはない。そうではなく、ストック、すなわち資本や不動産に対して課税する税制に転換すべきなのだ。それが「資産税」だ。

重ねて言うが、日本の個人金融資産は１８００兆円を超える。ここに１％の資産税をかければ、それだけで18兆円だ。不動産資産にも1％課税すれば、合計30兆円くらいになるだろう。資産家は、課税されるぐらいならマンションやアパートを建てるなどしてキャッシュフローを稼ごうと考える。これで一気に「貯蓄から投資へ」という動きが加速するはずだ。

さらに、所得税、法人税、住民税、固定資産税、相続税、贈与税、その他役人が思いつきで増やした入湯税やゴルフ税、車の重量税などをすべてなくす（すでに多くの外国は相続税を廃止している）。とくに相続税と贈与税の廃止は、経済への刺激策となる。高齢者から、資金ニーズのある若い世代に早めに資産が移っていくので、それが消費につながり、経済は活性化する。

消費税は、生産やサービスで生まれた付加価値にかける「付加価値税」に転換し、税率を現状の消費税率と同じ10％とする。日本のGDP約550兆円は付加価値の総和だから、その10％で約55兆円の税収となる。

「資産税」と「付加価値税」を合わせると、80兆円以上だ。これで消費も投資も一気に活性化する。唯一の課題は「貯蓄から投資へ」の動きが都市部へ集中する可能性が高いことだ。これによって東京一極集中がさらに進むかもしれない。

だが、日本経済が低迷から脱するためには、抜本的な税制改革しかない。低成長、人口減という「成熟国家」が抱える問題を解決するためには、「キャッシュフローを生み出さない資産」を無為に持たないようにして、消費や投資に活用する方向に変えていかねばならないのである。

「上げるか、下げるか」という従来の税制論議にとらわれず、根本的な問題に目を向ければ、あるべき税制の姿は自ずと見えてくるのだ。

A

子育ても老後も政府が面倒を見てくれるスウェーデン型を目指すのか、減税で税収を増やしたロシア型を目指すのかで答えは変わる。

第2部

新しい「世界経済」と「日本経済」への視点

ポピュリズム

Q トランプ大統領が撒き散らす世界的混乱をどう乗り越えるか？

いま世界で何が起きているのか？「自国第一主義」と「ポピュリズム（大衆迎合主義）」の台頭による衆愚政治の拡大だ。「アメリカ・ファースト」を掲げるドナルド・トランプ米大統領の制裁関税や移民規制、ボリス・ジョンソン英首相の「ブレグジット（EU離脱）」強行、韓国の文在寅《ムンジェイン》大統領の反日政策、中国の習近平国家主席の現代版シルクロード経済圏構想「一帯一路」、「ブラジルのトランプ」と呼ばれるジャイル・ボルソナロ大統領のアマゾン森林火災放置、そして安倍晋三首相の教育無償化や消費税の軽減税率……などである。

「根性なし!」と世界に発信

自国第一主義とポピュリズムの権化は、もちろんトランプ大統領の「ツイッター政治」だ。大統領がツイッターで閣僚人事や外交などに関する行政命令を次々に出し、しかもそれを場当たり的に朝令暮改でくるくる変えるというのは前代未聞である。

米金融大手JPモルガン・チェースによると、トランプ大統領のツイート回数は1日平均10回を超え、2017年1月の就任以来の総数は約1万4000回に達したという。その中には内外の要人を誹謗中傷する内容も多い。たとえば、2019年9月中旬にはFRB(連邦準備制度理事会)の政策金利の下げ幅が小さすぎるとして、ジェローム・パウエルFRB議長を「根性なし! 判断力なし! 先見性なし!」と口汚く罵った。大統領から強い独立性を有している中央銀行の総裁に対して発する言葉ではないだろう。しかも、それでアメリカだけでなく世界中の株価や為替が乱高下して諸外国は大迷惑をこうむっている。

だが、トランプ大統領が信じているのは、金利を下げれば企業や個人の借り入れが増えて設備投資や消費に向かうという20世紀のケインズ的な経済理論である。しかし、21世紀のグローバル経済では、金利が高くて安全な国に世界のカネが向かう。だから、トランプ大統領の要求通りにFRBがEUや日本のようなゼロ金利・マイナス金利にしたら、世界のカネが米ドルに向かう理由はなくなり、アメリカ経済は失速してしまうのに、トランプ大統領は相変わらずツイッターでFRBとパウエル議長に罵詈《ばり》雑言を浴びせている。そのせいで世界の株式市場や為替市場が混乱しているということを全くわかっていないのである。金融市場はようやくこれを〝トランプ相場〟と理解し、過剰反応はしなくなってきている。

ジョンソン首相もトランプ大統領と同様に自分が言いたいことを言うだけで、対話にならない。たとえば、公共放送BBCの政治部長が彼にインタビューしていたが、まともに答えないから質問も迷走して意味不明の内容だった。ディベート社会イギリスを象徴する冷静かつ客観的なBBCでさえ、今回のブレグジットではそういうお粗末な状況になっているのだ。

また、ジョンソン首相は外相時代に提唱していたスコットランドと北アイルランドの間に28マイル（約45㎞）の橋を架けるという計画を再び打ち出した、と報じられた。しかし、それを可能にする技術は世界のどこにもない。仮に橋が架かったとしても、スコットランドと北アイルランドはともにEU残留を決議しているので、ブレグジットしたら揃って独立してEUに加盟するだけだろう。そうなればUK（ユナイテッド・キングダム）の連合が崩壊し〝イングランド・アローン〟となって弱体化する。「議会制民主主義」発祥の国イギリスが、ジョンソン首相に振り回されて収拾がつかなくなっているのだ。

「神風ドローン」の脅威

もともと第二次世界大戦後の世界は、「二度と愚かな戦争はしない」という固い決意の下、過度なナショナリズムにつながる自国第一主義を避けて連携や協調を模索してきた。その動きの中で、国際連合をはじめ、EU、ASEAN（東南アジア諸国連合）、NAFTA（北米自由貿易協定）、AU（アフリカ連合）などが誕生したという歴史がある。

だが、いま起きている動きは逆だ。自国第一主義とポピュリズムの台頭によって世界は一つではなく、国民国家、さらには民族単位でバラバラになりつつある。

なぜか？　その一因はネット社会になり、スマートフォン（スマホ）で個人個人がフェイスブックやツイッターなどのSNSでダイレクトにコミュニケーションをとって意見を主張し、仲間を見つけることができるようになったことにあると思う。

典型はフランスのエマニュエル・マクロン大統領の誕生だ。既存政党の基盤がない彼は個人で政治団体「前進！」（現在の「共和国前進！」）を結成し、２０１７年の大統領選挙に独立系候補として出馬し、いわば徒手空拳で当選した。当初は泡沫候補扱いだったマクロン氏が勝利できたのは、ＳＮＳでネット社会の支持を得たからである。その後の総選挙では全選挙区に候補者を擁立し、一気に政権与党になってしまった。

ことほどさようにSNSなどのネット社会は世界を急速に不安定化させ、大衆が自国（あるいは自説）第一主義に走ってしまう要因になっているのだ。

もう一つ、技術の進化が世界を変えつつあるのがドローン兵器である。9月に起きたサウジアラビアの石油施設2か所に対する攻撃は、爆弾を抱えた18機の「神風ドローン」と7発の巡航ミサイルによるものとされるが、これは軍事的には衝撃的な〝事件〟である。

今回の場合、犯行がイエメンの親イラン反政府武装組織フーシ派であれイランであれ、ドローンはこれまで想定されていた航続距離を大幅に上回る1000km以上の距離を飛行し、極めて精密にピンポイントで目標を破壊しているからだ。

しかも、ドローンは低空を飛んでくるのでレーダーに捕捉されにくく、イージス艦や迎撃ミサイルでは撃墜できないと思われる。INF（中距離核戦力）全廃条約を破棄したアメリカやロシア、あるいは北朝鮮などはミサイルの開発競争を繰り広げ、日本は陸上配備型弾道ミサイル防衛システム「イージス・アショア」やステルス戦闘機「F－35」の導入を進めているが、安価なドローンで今回のような攻撃ができるのであれば、それらはほとんど意味をなさなくなる。

ちなみに、いまドローン技術は中国が圧倒的に先行している。1000機のドローンをプログラミング通りに動かして空中に複雑な文字を作ることも可能になっている。このドローンに爆弾を搭載すれば、中国人民軍の台湾侵攻は容易になる。北朝鮮は低空を飛ぶロケット砲を実験しているが、ドローンを使えば、その必要はなくなるかもしれない。「神風ドローン」は、世界の安全保障を一変させる〝貧者の戦略兵器〟になる可能性もあるだろう。つまり、今や地球上に安全な場所はなくなったのである。

「分断」から「連携」へ

もはや世界は後戻りできない袋小路に迷い込んでいるかのようだ。しかし私は、だからこそ、これ以上、世界の分断は進まないと見ている。トランプ大統領らの自国第一主義の限界や神風ドローンの脅威を考えれば、世界はここで改めて「連携」「協調」への道を模索せざるを得ないと思う。

アメリカは制裁の強化によってイランの孤立化を狙っているが、それは無謀なことだ。イスラエルを守るためなら、ヨーロッパを巻き込んで交渉していくことは十分可能である。同様に、シリアやロシアも封じ込めずに抱き込んでいくほうが賢明だろう。というのは、疎外されたアルカイダやIS（イスラム国）の動向を見れば、結果は明らかだからである。いわゆる〝第三項（他者）〟を力で抑えつけて排除しようとすれば、逆に世界は不安定化するのだ。

あるいは、なぜ国連の常任理事国にロシアと中国が入っているのか？　なぜ国連の事務総長は初代のトリグブ・リー（ノルウェー）から現職の（第9代）アントニオ・グテーレス（ポルトガル）まで、すべて大国以外から選出されているのか？　あるいは、なぜＥＵの本部はベルギーのブリュッセルに置かれ、ＥＵ議会がドイツとフランスが領土を奪い合ったアルザス・ロレーヌ地方のストラスブールにあるのか？　それが「Ｕｎｉｔｅｄ」や「Ｕｎｉｏｎ」、すなわち「連合」を象徴するからだ。こうした戦後の歴史に今こそ世界は学ばねばならない。

そして日本はこれ以上、偏狭な自国第一主義やポピュリズムに陥ることなく、世界に「連携」を呼びかける先達となるべきである。

A　自国第一主義の蔓延や神風ドローンの脅威は、世界を再び「協調」へと向かわせる。日本はポピュリズムに陥ることなく「連携」の道を模索するべきだ。

競争の「真実」

Q 「自国第一」の経済政策でアメリカの貧困層を救えるのか?

世界最大の英語辞典『オックスフォード英語辞典』が、2016年の「ワード・オブ・ザ・イヤー(今年の単語)」に、形容詞「ポスト・トゥルース(post-truth)」を選んだことはよく知られている。その意味は「世論形成において、真実が感情や個人的信念に訴えるものより影響力を持たない状況」で、「ポスト・トゥルースの政治」という組み合わせでよく使われたという。つまり「真実などどうでもいい政治」——まさにトランプ大統領のことである。

そもそも、成功した実業家として期待され、大統領になったトランプ氏だが、これまでの言動を全部足して考えてみると、実は彼はビジネスの知識がなく、勘だけで売ったり買ったりして運良く生き残ってきた不動産業者でしかないということがわかる。

実際、トランプ大統領には成功した事業がほとんどない。たとえば、ニュージャージー州アトランティックシティーのカジノホテル「トランプ・タージマハル・カジノ＆リゾート」は巨額の損失を出して2016年10月、営業を停止した。世界各地に展開しているホテル「トランプ・タワー」も、ブランドビジネスとしては成功したが、経営までうまくいっているところは少ない。航空会社「トランプ・シャトル」も、わずか3年足らずでつぶれている。結局、今の自分のビジネスが行き詰まっているから一か八かで大統領選に出馬したのではないか、とも思えるのだ。

トランプ大統領は不動産以外の製造業やＩＣＴ（情報通信技術）に関してはリー・アイアコッカ時代の古い世界観から一歩も進んでいないのである。アイアコッカ氏は１９７０年代から１９９０年代初めにかけてフォードの社長やクライスラーの会長を務め、大統領選出馬も噂された経営者だが、トランプ氏と同じくアメリカ人の溜飲が下がるようなことを言っただけで、ビジネスで本質的な成功を収めたとは言い難い。

現在のビジネスは、文字通りボーダレスだ。１９８０年代のレーガン革命によって「通信」「運輸」「金融」の3分野で規制が撤廃され、それらの領域でアメリカは圧倒的に強くなった。その結果、企業は世界の最適地で製品を生産し、世界のどこにでも24時間で届けることができるようになった。そういう「真実」をトランプ大統領は全く知らない。21世紀のビジネス、とりわけ製造業に関する彼の知識は幼稚園児レベルだと思う。

雇用創出企業トヨタの「真実」

フォードはトランプ大統領に批判されたメキシコでの新工場建設計画を撤回し、2017年1月に米ミシガン州の既存工場に7億ドルを投じて700人ほどの新たな雇用を創出すると発表した。その後、マーク・フィールズCEOがクビになり、現実に目覚めると、何と小型車生産を中国に持っていくと発表した。フィアット・クライスラー・オートモービルズ（FCA）もほぼ同時期にミシガン州とオハイオ州の工場の設備増強に10億ドルを投じ、約2000人を追加雇用すると発表した。トランプ大統領は喜んだが、実はいずれも直近に削減した人数を戻したにすぎない。

これまでアメリカのGM、フォード、FCAは、リストラに次ぐリストラでひたすら雇用を削減してきた。一方、すべての製造業の中で、この30年間に最もアメリカ国内で雇用を創出したのはトヨタである。豊田章男社長は「アメリカで13万6000人を雇用している」と述べ、過去60年間で220億ドルを投資した実績を強調したが、これもまた「真実の姿」ではない。というのは、トヨタは傘下の部品メーカーもごっそりアメリカに連れて行ったからである。それも含めればトヨタがアメリカで創出した雇用は13万6000人どころの話ではないのである。しかも、その高品質な部品をアメリカの自動車メーカーに対しても供給することを認めたから、ビッグスリーが甦ったのである。

逆に、メキシコ生産で出遅れたのがトヨタである。トランプ大統領はメキシコからの移民を排除すると言うが、それなら自動車メーカーなどにはメキシコに工場を新設させたほうがよい。そうすれば、メキシコ人は自国内で働くことができるからだ。実際、私は2016年、メキシコ中部のグアナファト州へ視察に行ったが、好景気に沸いていてアメリカに移住したいという人は皆無だった。

トランプ大統領はレーガン革命以降の製造業の進化を全く理解していないだけでなく、今のアメリカ企業についても「真実」を見ようとしない。たとえば世界の企業の時価総額ランキングを見ると、首位から6位まで、ずらりとアメリカ企業が並んでいる（2019年9月末現在／ランキングは180.co.jpより引用）。しかも、上位50社のうち実に32社がアメリカ企業だ。この「真実」から、トランプ大統領が本当に取り組むべき課題が見えてくる。

プア・ホワイトが食えるようにする

なぜアメリカ企業はそんなに強いのか？　ランキングの上位に入っているのは、1位のマイクロソフト、2位のアップル、3位のアマゾン・ドット・コム、4位のアルファベット（グーグルの持ち株会社）、6位のフェイスブックといった、昔は存在すらしていなかったICT企業である。つまり、21世紀のサイバー&デジタルという新大陸でアメリカ企業が圧勝し、それがアメリカの富の源泉になっているのだ。

トランプ大統領は「メイク・アメリカ・グレート・アゲイン」と叫んでいるが、現実はかつてないほどアメリカ企業がグレートで強くなり、アメリカ以外の国からすれば「メイク・アメリカ・ウィーク・プリーズ」と言いたくなるような状況なのである。

たとえば、時価総額ランキング12位のアメリカ企業ウォルマート・ストアーズは、大半の商品を中国やベトナムなどの海外から調達している。それら海外製品があふれている現状に対してトランプ大統領は「中国がアメリカの雇用を奪った」と批判するが、中国はウォルマートの購買先の一つにすぎない。しかも、品質や納期などの条件は厳しく、ウォルマートに納入することほど難しいことはない。

こうしたアメリカの「真実」から見ると、トランプ大統領がいま本当に取り組むべきは、時価総額ランキング上位の巨大企業が全世界で創り出した莫大な利益をアメリカ本国に還元させることだと思う。

現在、時価総額ランキングの上位に入っているアメリカ企業の多くは、オランダやアイルランドに設立した関連企業を利用した複雑な節税対策によって、利益の9割前後を海外に移転してしまっている。そうした抜け道のような節税を許さず、海外の部分にもアメリカ国内と同様の課税をして正当な税負担をさせるようにすべきなのである。トランプ大統領は法人税の最高税率を35%から21%に引き下げて企業の税負担を軽減させたが、法人税率は引き下げずに〝世界連結決算〟でアメリカに税金を納めさせ、「隠れる場所は世界中どこにもない」という制度にするのが正しいと思う。

そしてその税金を使って、食いっぱぐれている「プア・ホワイト」と呼ばれるトランプ支持層に対し、ICTや金融などの分野で21世紀に合ったスキルを身につける再教育を施し、彼らが食えるようにすればよい。プア・ホワイトの大半は、成長しているICT企業や金融企業に見捨てられた人たちだ。つまり、彼らは国際競争に負けたわけでもメキシコや中国に雇用を奪われたわけでもなく、アメリカ国内の競争に敗れた人たちなのである。それらの人々に旧来型の雇用を生み出して仕事を与えるといっても、自ずと限界がある。だから、アップルやアルファベットをはじめとする世界最強の富めるアメリカ企業に応分の負担をさせてプア・ホワイトを救済するのが、アメリカ大統領として理に適《かな》った真っ当な政策だと提言したい。

A **アメリカの「プア・ホワイト」は国内での競争に負けた人々。彼らを救済するには、巨大IT企業に応分の負担をさせる必要がある。**

米中貿易戦争

Q アメリカと中国の〝報復合戦〟に着地点はあるのか？

米中貿易戦争が泥沼化の様相を呈している。

〝戦端〟が開かれたのは2018年7月、まずアメリカが知的財産権侵害を理由に約500億ドル相当の中国製品約1100品目に25%の制裁関税を課すと発表し、そのうち第1弾として自動車や産業機械など約340億ドル分（818品目）について発動。中国も報復措置として約500億ドル相当のアメリカ製品約900品目に25%の関税を上乗せすることを決め、そのうち自動車や大豆など545品目（同じく約340億ドル相当）についてアメリカと同日に発動した。8月には、アメリカが第2弾として残りの160億ドル相当の279品目に制裁関税を賦課し、中国側も同額の制裁で対抗した。

さらにアメリカは制裁第3弾として、同年9月に10%の追加関税を課す2000億ドル規模の中国製品約6000品目のリストを公表し、2019年以降は10%から25%に引き上げるとともに、中国企業の対米投資制限も検討。中国は「断固として反撃する」と表明した。

まさに「目には目を、歯には歯を」で報復関税の応酬が続いたが、2018年12月の米中首脳会談でトランプ大統領が追加関税引き上げを90日間猶予すると譲歩。翌年3月の期限を前に両国の交渉がまとまるかと思われたが、その直前になって中国側が合意を拒否。これに激怒したトランプ大統領は、第3弾の対象製品の関税を25%に引き上げたのに続き、第4弾として残るほぼすべての中国からの輸入品3000億ドル分についても関税を10%引き上げると表明した。これに対して中国側は、アメリカからの輸入品600億ドル分への関税率を最大25%に引き上げ、さらに750億ドル分のアメリカ製品に5~10%の報復関税を上乗せすると発表。トランプ大統領も、第1弾から第3弾の制裁関税25%を30%に、さらに第4弾の10%を15%に引き上げると表明した。その後、中国がアメリカ産農産物の購入を大きく増やすなどの譲歩をして「第1段階の合意」に達し、トランプ大統領は第1

弾から第3弾の制裁関税引き上げを延期したが、あらゆる報復措置が思いつきレベルで、激化する米中貿易戦争の着地点は、未だ見えない。

「日米」貿易摩擦の教訓

その背景には、アメリカの膨大な対中貿易赤字がある。米商務省が発表した2018年の貿易統計によると、モノの貿易赤字は8787億ドル（約98兆4000億円）で、その半分近い4192億ドル（約46兆9000億円）を中国が占めて過去最大になった。これに大きな不満を抱くトランプ大統領が中国に圧力をかけているわけで、アメリカ側はかつての日米貿易摩擦で〝完勝〟した歴史を米中貿易摩擦でも再現できると考えているのだろう。

だが、トランプ政権は勉強不足であり、対する中国は説明不足だと思う。

日米貿易摩擦は1965年以降、アメリカの対日貿易収支が恒常的に赤字化したことによって始まり、1969年の繊維を皮切りに70年代は鉄鋼やカラーテレビ、80年代は自動車、農産物（コメ・牛肉・オレンジ）、半導体、コンピューターなどがアメリカ政府の標的となった。そして日本はことごとくアメリカの圧力に屈し、自主規制や現地生産の拡大などを受け入れてきた。中国と違って、日本は報復に出ることもなかった。

いま振り返ると、そうやってアメリカに散々いじめられたおかげで、日本は強くなった。たとえば、今や日本の自動車メーカーはアメリカで400万台を現地生産できるようになったし、日本のミカンは品種改良を重ねて美味しくなり、国内市場でアメリカのオレンジを圧倒している。サクランボやピーナッツも、アメリカ産より国産の旨さが広く認識されるようになっている。

この歴史から学べることは三つある。①アメリカは政府間交渉では必ず勝つ、②アメリカの要求通りになっても、アメリカの産業競争力は高まらない、③アメリカにいじめられた国の産業はグローバル化が早まって強くなる——ということだ。当時のアメリカは繊維、鉄鋼、自動車などの産業が国内で雇用を失っていたため、「ジョブ、ジョブ、ジョブ」と叫びながら日本をバッシングして様々な要求を突き付けてきた。しかし、自国内で雇用を創出する解決策は提案してこないから、結果的に日本があたふたしただけでアメリカ自身の産業競争力はつかず、雇用も戻らなかったのである。

当時、私はマンスフィールド駐日大使にこう直言した。アメリカは日本がアンフェアだ、もっとアメリカ製品を買えと主張しているが、何をもってアンフェアと言うのか、きちんと定義してほしい。なぜなら、日本（当時1億2000万人）とアメリカ（同2億4000万人）の人口は2倍の開きがある。仮に国民が相手国の製品を1ドル分ずつ買ったとしても、アメリカに1億2000万ドルの対日貿易赤字が生まれるわけで、日米は同じ土俵に立っているとは言えないではないか——と。これに対し、さすがはマンスフィールド大使、私の見方が正しいと理解を示し、自分の演説でも「大前理論」として言及してくれたのである。

"不均衡"なのはアメリカが買うから

一方、現在の米中貿易摩擦における報復関税の応酬は、そういう冷静な議論をしないで殴り合っている幼稚園児のケンカのようなものである。

そもそも米中貿易摩擦は日米貿易摩擦とは全く質が異なり、類似点は何もない。当時の日本はソニー、トヨタ自動車、本田技研工業、音響・家電各社などが続々とアメリカ市場に進出し、自前のブランドを自分たちでアメリカの消費者に売り込んだ。しかし、いまアメリカでそんなことをやっている中国企業は見当たらない。

要するに、アメリカの対中貿易赤字が4192億ドルにも上っているのは「アメリカが買う」からなのだ。たとえば、アップルはiPhoneなどを台湾の鴻海《ホンハイ》精密工業の中国生産子会社（フォックスコン）に生産を委託してアメリカに輸入している。仮にアップルがアメリカで生産しようとしても、人件費が高すぎるし、部品を調達することもできない。また、現在のアメリカは失業率が3％台になってほぼ完全雇用だから、労働力も足りない。あるいはウォルマートをはじめとするアメリカの小売企業は、衣料品や家電製品、照明器具、家具など大半の商品を中国から輸入している。それは中国が売り込んだわけではなく、アメリカ企業が世界で最も安くて良いものを探した結果、そうなったのである。

つまり、対中貿易赤字はアメリカ企業の自主的行動の結果であって、中国の責任ではない。アメリカが中国から買うことをやめたり、中国製品に追加関税をかけたりしたら、アメリカ国内の物価が急騰するだけである。

中国は、こうした現実をよく理解していない。報復し返す前に知恵を絞ってそういう構造的な問題を説明すべきなのに、大豆、豚肉、牛肉、鶏肉、自動車といったラストベルト（中西部から北東部の主要産業が衰退した地帯）の〝トランプカントリー〟の産品を狙い撃ちにして追加関税をかけている。このまま報復合戦がエスカレートすれば、ますます激しい貿易戦争になるだろう。

A

対中貿易赤字は、アメリカ企業の自主的行動の結果であり、報復関税や輸入禁止をしても困るのはアメリカだ。中国は報復し返す前に知恵を絞るべき。

中進国のジレンマ

Q 韓国がいつまでも「経済先進国」になれないのはなぜか？

韓国経済に急ブレーキがかかっている。

対中輸出に依存してきた韓国経済は、米中貿易戦争の余波をもろに受けて急失速し、日本による輸出規制の厳格化や日本製品不買運動も景気を冷え込ませる一因となっている。2019年8月には、1ドル＝1200ウォン台までウォン安が進行し、それに連動するように株価も低迷が続いている。

さらに、文在寅政権が進める最低賃金引き上げで人件費が高騰し、失業率が上がってしまうなど、経済失政を問う声も高まっている。

韓国経済は一時期、サムスン電子が牽引役となって急成長し、一気に〝3万ドル経済〟

に達して先進国の仲間入りをするかと思われた。しかし結局、1人あたりGDPは2017年に3万ドルを突破したものの、その後はなかなか伸びていない。いわゆる「中進国のジレンマ」から抜け出すことができずにいるのだ。

一般的に1人あたりGDPが2万ドルを超えると中進国、3万ドルを超えると先進国とされる。だが、3万ドル経済に向かおうとする中進国は、しばしば為替や労働コストが高くなって競争力を失い、3万ドルに近づくと落ちるという動きを繰り返す。これが「中進国のジレンマ」だ。

韓国経済も、調子が良くなるとウォンや労働コストが高くなり、そのたびに競争力を失って落ちるという悪循環に陥っている。

一方、日本はかつて、わずか5年で2万ドル経済から3万ドル経済に突き抜け、先進国の仲間入りを果たした。1ドル＝360円から70円台になった急激な円高も克服した。

では、なぜ韓国は「中進国のジレンマ」から抜け出せないのか？

最大の理由は、イノベーションがないことだ。日本は素材を中心とした広範な分野のイノベーションと生産性向上によって、為替や労働コストの上昇を乗り越えた。スイス、イタリア、フランス、ドイツなどはブランド、マーケティング、デザイン力による高級化・高価格化というかたちでイノベーションに成功した。韓国は、そのどちらもできていないのだ。

日本や欧米の技術をパクる

詳しく説明しよう。

日本型のイノベーションも、スイスやイタリアのようなイノベーションも、多額の投資が必要である。たとえば、日本企業はR＆D（研究開発）とマーケティングにそれぞれ売上高の7％くらいを使うのが普通である。創薬型の製薬会社の場合はR＆Dに売上高の10〜20％を投じるのが当たり前だ。

また、「パテック・フィリップ」「フランク・ミュラー」「ウブロ」といったスイスの高級機械式時計メーカーのようなハイエンドの商品は、マーケティングに売上高の3割を投入することも珍しくない。トヨタ自動車の「レクサス」もアメリカ市場でブランドを確立するために巨額を投じ、デポ（拠点）を増やして修理時や車検時の代車などできめ細かいサービスを展開して成功した。

そうした投資をしてイノベーションを生まない限り、日本や欧米先進国を超えていくことはできないわけだが、韓国企業にそのような発想はない。

多くの韓国企業と仕事をしたことがある私の経験では、R&Dやマーケティングには、せいぜい売上高の2～3％しか投資しない。R&Dやマーケティングにカネと時間をかけるより、日本や欧米の技術やデザインをパクってスピードと規模で勝負すればよい、という発想なのである。

だから大半の韓国企業はブランドを確立できず、かといって生産性を向上して大きくコストを下げることもできないため、価格がハイエンドとローエンドに二極化した今の時代の中で、消えつつあるミドルレンジ（中間価格帯）に取り残されているのだ。

その上、韓国は産業の〝厚み〟がなく、中小企業に日本のような技術力がない。多数の韓国の中小企業の人たちと話したことがあるが、彼らは一様に「大企業の単なる外注・下請けでしかない」と嘆いていた。

日本の場合、大企業は傘下の中小企業が新製品の開発やコストダウンなどについて何か良いアイデアを出したら、それによってもたらされた利益を折半するというようなインセンティブ制度が珍しくない。だから日本の中小企業は技術レベルが非常に高く、層が厚いのである。

一方、韓国の場合は財閥系の大企業が目先の利益だけにこだわっているため、傘下の中小企業がイノベーションや生産性向上の提案をしたとしても全部搾取されるだけで、日本のように大企業が中小企業を育てて産業の裾野を広げるという土壌がないのである。

加えて、韓国は産業構造の転換もできていない。韓国ではアメリカのような21世紀型の新しい産業、新しい業種がほとんど生まれていない。財閥系の大企業が中心となって「従来の延長線上でいっそう努力する」というアナログ思考のやり方なので、産業構造が20世紀のままになっているのだ。

以上のような問題があるため、韓国は大きく飛躍することができず、いつまでたっても「中進国のジレンマ」から抜け出せないのである。

何でも日本のせいにする言い訳文化

では今後、韓国は何らかのイノベーションによって「中進国のジレンマ」から抜け出せる日が来るのだろうか？

残念ながら、当面は難しいだろう。なぜなら、戦後日本は財閥解体で従来の秩序が崩壊して経済にダイナミズムが生まれたが、韓国は未だに財閥支配で縦方向の秩序が固まっているからだ。

その秩序を壊してイノベーションを起こすためには、松下幸之助氏や本田宗一郎氏のような学歴がなくてもアンビションのある起業家が必要となる。

しかし、韓国は極端な学歴社会だから、アンビションを持っている人でも、いったん受験戦争に負けたら這い上がることが難しい。つまり、イノベーションが起こりにくい硬直した社会構造なのである。

また、受験戦争に勝って財閥企業に入った人たちも、ファミリー企業なので出世に「ガラスの天井」があるし、近年は45歳くらいでリストラされるケースも多く、すんなり定年までエリートの道を歩むことが難しくなってモチベーションが低下している。どこをどう切っても、反転できる要素が見当たらないのだ。

韓国の根本的な問題も指摘しておかねばならない。それは自分たちの問題を何でもかんでも日本のせいにする、ということだ。日本が高度成長した時に我々は朝鮮戦争で発展が遅れてしまった。その原因は日本の植民地支配だ。そういう〝エクスキューズ（言い訳）文化〟だから、自分たちも努力すれば日本に追いつき、追い越すことができるという発想が生まれにくい。ここが同じく日本の植民地だった台湾との大きな違いである。

台湾の場合は〝ノーエクスキューズ文化〟である。私は韓国にも台湾にも200回以上行っているが、台湾で日本の植民地支配のせいで発展が遅れた、などと言う人には会ったことがない。それどころか、台湾の人たちの大半は、日本のおかげでここまで成長できた、と感謝している。

そういう姿勢で素直に日本に学んできたから、サムスンをはじめとする韓国企業が壁にぶち当たって突破できないでいる一方で、鴻海《ホンハイ》精密工業や半導体受託生産企業のTSMC（台湾積体電路製造）、「格安スマホの仕掛け人」と言われる半導体メーカーのメディアテックといった台湾企業はますます世界を目指して成長し、新しい企業も続々と誕生している。

韓国は日本をエクスキューズに使っている限り、前に進めないと思う。自分の中に成長できない理由を見つけ、それを乗り越える努力をしなければ、「中進国のジレンマ」から抜け出して先進国になることはできない、と思い知るべきである。

他の新興国は「経済先進国」になれるか

では、韓国の他にこれから「中進国のジレンマ」を抜け出して先進国の仲間入りをしそうな国はあるのか。

最有力候補はメキシコだ。

昔は国境のリオ・グランデ川を渡ってアメリカに不法入国する「ウェットバック（Wetback）」と呼ばれるメキシコ人が絶えなかったが、最近は激減している。順調な経済成長を持続して雇用が増えているため、あえてアメリカに不法入国して白眼視されながら働かなくても、国内で仕事を見つけてそれなりの収入を得ることが可能になってきたからである。たとえば、国内第2の都市グアダラハラやレオンなどに、アメリカ、日本、ヨーロッパの自動車メーカーが部品会社も含めて集結している。1人あたりGDPはまだ約1

万ドルだが、あと4～5年すれば「中進国のジレンマ」から脱することができそうな状況になっている。

微妙なのはインドだ。

システム開発などのＩＴサービス産業ではインフォシス、ウィプロ、タタ・コンサルタンシー・サービシズといった世界的なレベルの企業が登場している。しかし、インド全体に対する影響は小さく、それ以外の分野で世界化できた企業は非常に少ない。だから１人あたりＧＤＰは、まだ２０００ドルに届いていない。もちろん人口が13億人を超えているのだから規模の面では将来性があるが、質の面ではクエスチョンマークが付く。

現在のインドの強さの根源は、ＩＩＴ（インド工科大学）とＩＩＭ（インド経営大学院）が輩出している優秀な人材だ。しかし、その数は限られているし、彼らの多くはアメリカをはじめとする海外に行く。だから、アメリカの経済誌『フォーチュン』が毎年発表しているアメリカ企業上位５００社の番付「フォーチュン５００」の多くの企業の取締役にインド人がいるのだ。母国に残って活躍したり、母国に帰って起業したりする優秀なインド人は今のところ少ないのである。

さらに、インドは「世界最大の民主主義国家」なので、成長・発展すればするほど、そこから取り残された国民が不満を募らせて次の選挙で野党の政治家に投票し、政権交代が起きて政策が変わる。だからインドは一進一退を続けているわけで、今はモディ首相がリーダーシップを発揮してうまく舵取りをしているものの、今後も右肩上がりで伸びていくという絵は描きにくいのである。

ASEAN（東南アジア諸国連合）では、すでにシンガポールが1人あたりGDP5万ドルを超えているが、それ以外の新興国はやはり「中進国のジレンマ」に陥っている。たとえば、マレーシアは1人あたりGDP1万ドルほどで頭打ちになり、タイも同6000ドルで伸び悩んでいる。フィリピンは1人あたりGDPがようやく3000ドルになったが、ここから先は荘園制度の解体が必要になるし、そもそも7000以上の島がある国を統治するのは容易ではない。

ことほどさように新興国が「中進国のジレンマ」から抜け出し、3万ドル経済のハードルを越えて先進国になるのは至難の業なのである。

A

今の韓国は、イノベーションが起こりにくい硬直した社会構造であることに加え、自分たちの抱える問題をすべて日本のせいにしてきたメンタリティを変えなければ、「中進国のジレンマ」から抜け出すのは難しい。

EUとイギリス

Q ジョンソン首相「ブレグジット強行」で何が変わるか？

2019年9月に再開されたイギリス議会は二転三転の迷走を続け、「議会制民主主義」発祥の国とは思えない大波乱の様相を露呈した。

周知の通り、イギリスではテリーザ・メイ前首相の辞任に伴う与党・保守党の党首選に勝利したボリス・ジョンソン氏が7月下旬、新首相に就任した。日刊紙『デイリー・テレグラフ』の記者や週刊誌『スペクテイター』の編集長などを経て2001年に政界入りし、ロンドン市長や外相を務めた人物だ。その外見や強硬かつポピュリズム（大衆迎合主義）の政治姿勢、失言の多さから「イギリスのトランプ」の異名をとるジョンソン首相が目指しているのが、「ブレグジット（EU離脱）」だ。

しかし、これには大きく三つの問題がある。

まず、現在はイギリスからEUに輸出する工業製品の関税は無税だが、離脱後は関税を課されるため、EU市場における競争力が大きく低下する。だから、すでに多くの企業がイギリス国外に移転するか、事業を縮小している。日本企業も、パナソニックとソニーが欧州本社をオランダに移し、本田技研工業は撤退を発表、日産自動車もイギリス中部にあるサンダーランド工場での「エクストレイル」次期モデル生産計画を取りやめた。

二つ目の問題は、イギリスの農民と消費者への打撃である。たとえば、イギリス産の羊肉は国内市場が小さいため、7割くらいをEUに輸出している。それに関税が課されて検疫も必要になったら工業製品と同じくEU市場で競争力が低下し、羊の畜産農家はにっちもさっちもいかなくなる。

一方、EUから輸入している野菜や果物などの生鮮食料品は、イギリスがEUを離脱した場合は検疫や通関に時間がかかるため、ドーバー海峡のフランス側カレーやイギリス側ドーバーの港でトラックが数日から数週間も長蛇の列を作るのではないかと危惧《きぐ》されている。医薬品もイギリスで製造していないものがたくさんあるため、政府が国民に備蓄を呼びかけるという事態になっている。

閉鎖、再開、解散…前代未聞の「迷走」議会

三つ目の問題は人材だ。ＥＵの加盟国間ではモノ、資本、サービスに加えて人も自由に移動できる。だからイギリス企業は研究開発や医療関係の分野で東欧諸国などから優秀な人材を大量に採用しているし、飲食業や小売業もＥＵからの労働力に大きく依存している。このためイギリスがＥＵから離脱して「人の移動の自由」がなくなったら、研究開発や病院の人材が不足し、飲食店や小売店も人手不足で成り立たなくなってしまう恐れがあるのだ。高度な研究に対するＥＵからの補助金も打ち切られることになるので、研究機関は今のレベルを維持できなくなる。

そうした問題があるにもかかわらず、ジョンソン首相はブレグジットに突き進もうとしている。

再開された議会では、ジョンソン首相が野党の反論を封じるために議会閉鎖を強行。この措置を最高裁判所が違法と判断したため、再び議会が開かれることになったが、ジョン

ソン首相はEUとの間で新たな離脱協定案に合意した。これは、最大の懸案であるアイルランド（EU加盟）とイギリス領北アイルランドとの間の国境管理問題を解決するため、北アイルランドのみEUの税関手続きに従うというものだが、今度はイギリス下院がこの協定案の採決を延期。EUとの合意が成立しない場合は離脱延期法の規定により、２０２０年1月末までの離脱延期を申請しなくてはならないため、ジョンソン首相は無署名のまで離脱延期を要請する書簡をEUに送付。これにEU加盟27か国が合意して離脱延期となった。その結果、総選挙に反対していた最大野党の労働党が賛成に転じ、２０１９年12月12日に総選挙が行なわれることになった（２０１９年10月末現在）。

総選挙の争点は、新たな離脱協定案に基づくブレグジットの是非になる。直近の世論調査によると、残留派は48％、離脱派は38％で、投票しない人やわからないと答えた人を除くと残留派が56％、離脱派が44％だが、政党支持率は与党の保守党が優勢となっており、なお波乱含みだ。

私がＢＢＣで予見したこと

では、もしブレグジットとなったらどうなるか？　そのシナリオを私はすでに2016年の国民投票の直後、イギリスの公共放送局BBCの取材に対して解説している。結論は前述した〝イングランド・アローン〟だ。

現在のイギリスはイングランド、ウェールズ、スコットランド、北アイルランドによって形成されている連合王国（ユナイテッド・キングダム）だ。

しかし、ブレグジットが現実のものとなったら、連合王国は分裂に向かわざるを得ない。もともと独立運動が盛んなスコットランドは連合王国からの独立およびEU加盟へと向かうのは必至で、ニコラ・スタージョン首相もそれを明言している。そうなればEUから離脱したイギリスには魅力がないので、ウェールズも追随するだろう。プロテスタント系住民とカトリック系住民が長らく対立してきた北アイルランドも、EU加盟国アイルランドとの合併を目指すと思う。

それでもイングランドだけがEU離脱となれば、数百年にわたって膨大な富を生み出してきたロンドンの金融街シティも失速し、イギリス経済が凋落の一途をたどることは避けられない。ここまでのシナリオは容易に予想できたはずなのに、国民投票から3年も過ぎた今になってあたふたと迷走しているのは、良識あるイギリスとは思えない実にぶざまな状況である。

ジョンソン首相は、ブレグジットという「シングル・イシュー」で人気を集めている政治家だ。日本でも、小泉純一郎元首相は郵政民営化というシングル・イシューで総選挙に大勝した。また、先の参院選では消費税ゼロを訴えた「れいわ新選組」やNHK受信料の不払い運動を展開している「NHKから国民を守る党」が支持を集めた。シングル・イシューは衆愚政治の中では意外に効き目があるのだ。しかし、それがいかに危険なことなのか、日本は混迷を深めるイギリスの現状を他山の石とすべきだろう。

A ジョンソン首相がブレグジットを強行したら、連合王国は分裂に向かう。イングランドだけがEUから離脱する〝イングランド・アローン〟が現実となるだろう。

グローバル通貨

Q フェイスブックの仮想通貨「リブラ」は世界をどう変えるのか？

アメリカの交流サイト大手フェイスブック（ＦＢ）などが構想を打ち出した仮想通貨（暗号資産）「リブラ」をめぐる賛否両論が、かしましい。

リブラは、フェイスブックをはじめ配車サービス大手のウーバー・テクノロジーズ、音楽配信大手のスポティファイなど21の民間企業・団体で創立した「リブラ協会」が２０２０年以降の発行・運営を計画している。スマホのアプリで利用でき、国境を越えて安価な金融サービスを提供することが目的だ。買い物などの決済に使えるだけでなく、友達や家族との間で簡単に海外や国内に送金できるようになるとされるが、その一方では「信頼性がない」「マネーロンダリング（資金洗浄）に悪用される」「流通把握やプライバシー保護が難しい」といった批判や懸念が広がっているのだ。

しかし、私はリブラ導入に大賛成である。なぜか？

まず、基軸通貨の米ドルが、トランプ大統領の横暴で理不尽な思いつきのツイート（ツイッター投稿）によって乱高下しているからだ。トランプ大統領はＦＲＢ（連邦準備制度理事会）が２０１９年７月末に利下げを発表した際も、パウエルＦＲＢ議長を批判するツイートを流し、さらなる利下げを要求するなど、政府から独立しているはずのＦＲＢに対して金融緩和圧力を強めている。これでは世界の政府や金融機関、企業、投資家などは何を見て判断すればよいのかわからない。

もう一つの理由は、世界の国際決済システムの中核を担っているＳＷＩＦＴ《スウィフト》（国際銀行間通信協会）がアメリカの強い影響下にあることだ。国境を越えた決済や送金の大半は米ドルが使われているが、アメリカの制裁対象に指定された銀行や企業はＳＷＩＦＴのシステムが使えなくなり、米ドル建ての決済や送金ができなくなる。

たとえば、イラン核合意から離脱したトランプ政権が、イランと取引している銀行や企業に制裁を科すと警告したため、多くの国の銀行や企業が震え上がった。制裁対象にされたら、多国籍企業はビジネスを継続することができなくなってしまうのである。

想起すべきは「ユーロの経験」

つまり、米ドルが基軸通貨でアメリカが国際決済システムを握っているから、身勝手なトランプ大統領に世界中が振り回されているのだ。したがって、いま世界は米ドル以外の基軸通貨、SWIFT以外の国際決済システムを求めている。そうなる可能性があるのがリブラであり、だからこそ、トランプ大統領は「暗号資産は好きではない。通貨ではないし、価値も不安定だ」などとツイートしてリブラをつぶそうとしている。

だが、リブラはビットコインなど価値が乱高下して投機の対象になった従来の仮想通貨とは全く違う。これまでの仮想通貨は発行・運営団体が不在で価値の裏付けもなかったが、リブラは前述したようにリブラ協会が発行・運営し、米ドルやユーロ、日本円、イギリスポンドなどの主要通貨や短期国債などで裏付けることによって価値が大きく変動しにくい設計になっている。それに加えて私は、スイスフラン、カナダドル、オーストラリアドル、中国人民元、ロシアルーブル、インドルピーなど10か国くらいの通貨の加重平均で1リブラの価値を決めるようにすればよいと思う。

ここで想起すべきは欧州単一通貨「ユーロ」の経験だ。ＥＣ（欧州共同体）およびＥＵ（欧州連合）ではユーロに先立ち、１９７９年3月から１９９８年末までの間、「ＥＣＵ《エキュー》」という通貨単位が使われていたが、その価値は参加する国々の通貨の加重平均で決められた。このヨーロッパの経験を参考にしてリブラの価値を決めれば、安定した「通貨」にすることは十分可能だと思う。

また、リブラ協会はサービス開始時点で１００社の参加を目指している（参加には最低１０００万ドルの出資が必要な上、自社で２０００万人のユーザーを抱えているなど厳しい条件がある）が、それだけでなく同協会に世界の賢者を集めてアドバイザリーボードを作り、世界最強のハッカー対策を構築すべきである。そうすれば「マネーロンダリングに悪用される」「流通把握やプライバシー保護が難しい」といった懸念を払拭できるはずだ。

中国発の通貨に席巻される前に

リブラ協会は２０１９年10月に正式発足したが、クレジット大手のビザやマスターカード、ネット決済大手のペイパルなどが直前になって加盟を見送り、逆風に見舞われている。
その上、G7（主要7か国）財務相・中央銀行総裁会議などではリブラに対する慎重論が相次いでいる。だが、それは当然だ。リブラのような仮想通貨やデジタル通貨が地球規模で流通するようになったら、中央銀行がコントロールできない通貨が市場に出回ることになるので、中央銀行の支配力は大きく低下する。そうなれば、政府が中央銀行を通じて金融政策を実施しても効果が低くなってしまう。だから、そのポテンシャルを持ちそうなリブラを警戒しているのだ。

結局、同年10月に開かれたG20（20か国・地域）財務相・中央銀行総裁会議が、不正利用や消費者保護のリスクに適切に対処する準備が整わない限り、リブラ発行を認めないとする合意文書を発表。フェイスブック創業者のマーク・ザッカーバーグ最高経営責任者（CEO）は「アメリカの規制当局が承認するまでは、世界のどの地域でもリブラの立ち上げには参加しない」と表明した。

しかし、そもそもデジタル通貨はすでに広範囲に流通している。たとえば中国のモバイル決済サービス市場では、アリババの「アリペイ（支付宝）」とテンセントの「ウィーチャットペイ（微信支付）」のユーザーが、それぞれ10億人を突破している。今のところ人民元しか使えないが、もしリブラを規制したり排除したりしたら、世界は中国のデジタル通貨に席巻されてしまう可能性もある。そうなれば、アリペイやウィーチャットペイは中国共産党の監視下にあるので、習近平政権にすべてのお金の流れを捕捉されることになる。

しかも、すでに中国の中央銀行・中国人民銀行は人民元建ての国際銀行間決済システム（CIPS）を持ち、中国や欧米の大手金融機関、日本の三菱UFJ銀行とみずほ銀行の中国法人などが利用している。それらが拡大してもよいのか？

私は雑誌連載や著書などで「グローバル政府」の創設を提唱している。その理由は、トランプ大統領が牛耳る世界ではG7サミットやG20サミットなどの国際会議に意味がないからだが、グローバル政府構想の前にやるべきは米ドルや人民元ではない「グローバル通貨」の創設だと思う。その最有力候補がリブラなのである。

A リブラは従来の仮想通貨とは全く違う。価値が大きく変動しにくい設計になっており、「ユーロ」の経験に学べば導入は十分可能で、グローバル通貨の最有力候補だ。

ビジネス最先端①

Q これから成長するビジネスの「新たな潮流」は何か？

事業環境が変化するスピードが、年々速くなっている。

新興企業はもちろん、大企業でさえ、ある年はコストカットや事業改革の効果が出て黒字になっても翌年にはすぐ赤字になるなど、業績があっという間に大きく変化するようになっている。

その一方では次々に新しい企業が生まれ、1〜2年で黒字化してスピード上場するケースも少なくない。

今や事業環境は「3年で激変する時代」になったのだ。その中で企業が生き残っていくためには「三つのクラウド」の時代が到来したことを認識・理解しなければならないだろう。

三つのクラウドとは「クラウドコンピューティング」「クラウドソーシング」「クラウドファンディング」だ。

もはやハードウェアやソフトウェアは、クラウドの中（ネット上）で提供されているクラウドコンピューティングサービスを利用すれば、自前で持つ必要はなく、スケーラブル（いくらでも規模の拡大が可能）である。巨大なサーバーを自社の中に置く必要などないのだ。

人も、クラウドソーシングで国内外の人材に外注すれば、これまでの数分の一～数十分の一のコストで済む。たとえば、日本で発注したら3000万円以上かかるシステム設計は、フィリピンの人材に委託すると70万円でお釣りがくる。40倍以上の人件費の差がクラウドソーシングによって克服できるわけで、今やブルーカラーよりもホワイトカラーのほうが国境を越えやすい時代になったのである。

さらには事業資金も、良いアイデアであればクラウドファンディングによって不特定多数の人たちから容易に調達できる。実際、スマートウォッチのベンチャー企業「ペブルタイム（Pebble Time）」は、クラウドファンディングサイトである「キックスターター（Kickstarter）」で2000万ドル（約22億円）もの資金を集めた。

このため、いまアメリカの大手ベンチャーキャピタルは、新たな投資機会が見つからなくて困っている。彼らの元には数千億円のカネが集まっているため、100億円単位の投資先を求めている。ところが、有望なベンチャー企業を輩出するシリコンバレーでは、ペブルタイムのようにクラウドファンディングで資金を集めるケースが増えているからだ。その上、ローコストに事業が進められるクラウドコンピューティングやクラウドソーシングの発達により、100万ドル（約1億1000万円）未満の資金でスタートして2〜3年で急成長する「サブミリオン」と呼ばれる企業が多くなった。事業に多額の資金を用意する必要がなくなったのである。

20世紀の経営の三要素は「ヒト・モノ・カネ」と言われたが、現在はそれが三つのクラウドで代替できるようになり、すべて自前で持つ必要がなくなったと言っても過言ではない。21世紀の経営資源は、新しい事業環境が見えていて良いアイデアを生み出せる一握りの傑出した人間だけでよいのである。

言い換えれば、三つのクラウドを理解しているかいないかで、見える景色は全く違う。三つのクラウド時代の景色が見えている人にとっては、これほど事業機会があふれている時代はない。実際、そうした人たちに聞くと、少し考えただけでも新しい事業アイデアが10も20も簡単に出てくると言う。

「選択と集中」ではなく「魚の産卵」方式で

そういう時代に大企業が生き残り、さらに成長していくためには、可能性のある新規事業を次々と立ち上げていく必要がある。

新規事業だからといって新たな組織を作り、多くのヒト・モノ・カネを投じて社内の方針を一本化するために会議を積み重ねて……というやり方は間違いだ。

三つのクラウドを活用すれば、人も設備も技術も資金も自前で揃える必要がないのだから、2~3人のチームで、できるだけ多くの事業を立ち上げて互いに競わせればよいのである。いま成功しているベンチャー企業を見ればわかるように、ほんの数人でスタートしても、成功するものは成功する。

仮に100の事業を立ち上げて多くがうまくいかなかったとしても、一つか二つが花開いて大化けすれば、十分ペイするはずだ。いわば〝魚の産卵モデル〟である。事業の卵子に精子をバラ撒かねばならないのだ。その中のいくつかが大きく成長すればよいのである。企業の「成功のカギ」は一変した。これまでは「選択と集中」がもてはやされてきたが、それは事業をあちこちに広げて赤字が膨らんだ老年期の大企業の〝終活〟にすぎない。成長のためにやるべきことは「選択と集中」の逆である。挑戦、挑戦、また挑戦。つまり、新しいものを生み出す仕掛けを作り、社内のあちこちから新規事業が次々に〝産卵〟されてくるようにすることが重要なのである。

「シェアエコノミー」から「アイドルエコノミー」へ

前述したように、三つのクラウド時代の景色が見えていれば、新しい事業機会はあちこちに転がっている。

たとえば、スマホのアプリを利用した配車サービスの「ウーバー(Uber)」。一般個人の空いている車をタクシー代わりに使い、アプリに乗車場所と行き先を入力すれば近くにいる登録済みの車の到着時間や料金の目安が表示され、支払いは事前に登録したクレジットカードで自動決済されるというものだ。その便利さと料金の安さが人気を集めて世界中に事業を拡大している。

宿泊仲介サービスの「エアビーアンドビー（Ａｉｒｂｎｂ）」も、空いている個人の部屋や家を貸し借りするもの（もともとＢ＆Ｂはベッドとブレックファーストの意）で、登録物件は普通の部屋や一軒家だけでなく、城、ツリーハウス、ボート、島まるごとなどもある（日本でのサービス展開については第３部で詳述）。

近年はカーシェアリングやシェアハウスなど誰かが所有しているモノや空間を複数の人間で共有する「シェアエコノミー（共有型経済）」が広がってきたが、これからはウーバーやエアビーアンドビーのように空いているモノや空間をニーズのある人に提供して活用する「アイドルエコノミー（Idle Economy＝余剰活用型経済）」（著者の造語）が主流になるだろう。

いまシリコンバレーでは、アイドルエコノミーをコンセプトにしたベンチャー企業が続々と登場している。また、アマゾンも、配送専門会社ではなく時間が空いている一般の人々に通勤などで目的地へ向かうついでに商品を届けてもらい、代金の授受も可能になる仕組み（アマゾンフレックス）を展開している。

デリバリーは、幹線道路ではなく「最後の1マイル」に多くのコストがかかる。都市部では昼間に荷物を届けに行っても留守の確率が非常に高いからだ。それを克服しようとすると、夜遅くや朝早めの時間帯に配達しなければならない。それを同じ地域に住んでいる帰宅後・出勤前のサラリーマンやリタイアした高齢者に運んでもらおうというのだ。私は以前、「エブリデイ・ドット・コム」というネットスーパーを経営していた時に、忙しい母親たちのために家族の弁当や総菜などを早朝に届けるサービスを展開したことがある。その当時、配達してもらっていたのが近所に住んでいる出勤前のサラリーマンで、コストは宅配専門業者よりもかなり安くなった。サラリーマンの朝の〝余剰時間〟を活用したわけだ。

そうしたことはスマホのＧＰＳを使えば簡単にできる。実際、ウーバーは空いている車で「人」ではなく「モノ」を運ぶビジネスをＧＰＳを利用して展開する事業の一つとして、日本でも「ウーバーイーツ」を展開している。飲食店の料理をデリバリーするサービスだが、人を運ぶよりもモノを運ぶほうがニーズが高くてコンスタントだし、空き時間をさらに有効に使えるからだ。

同様の発想で面白いのはアメリカで流行している「エアピーアンドピー（Ａｉｒｐｎｐ）」というサービスである。「ピー（ｐｅｅ）」は英語で小便のこと。「エアビーアンドビー」は部屋や家を貸すが、「エアピーアンドピー」は自宅や店、事務所のトイレを１ドルなどの金額で貸してくれるのだ。

すでにボストンやサンフランシスコなどでは、このアプリで検索すると、トイレを貸してもよいという家がスマホの地図上にいくつも出てくる。見ず知らずの相手に自宅のトイレを使わせることには抵抗があると考えるかもしれないが、フェイスブックなど本名や素性がわかる情報が把握できればリスクは減らせるし、相手を見て嫌なら拒否すればよいのである。日本でも、自転車などのシェアビジネスや、コインロッカー代わりに店舗の一角を利用するビジネスなどが拡大している。このようにアイドルエコノミーにＧＰＳを組み合わせれば、まさに〝商い無限〟である。

これからの時代は三つのクラウドを実際に自分で使いこなして理解した上で、それを活用した新しいビジネスを「発想する力」を鍛えることが大事なのだ。そのためには常に〝頭の体操〟を繰り返し、柔軟な思考力を養っておかねばならない。

たとえば「クックパッド」は日本最大の料理レシピサービスだが、その付加価値をさらに高めて収益モデルを加速するにはどうすればよいかを考えてみる。私なら、コンビニの中に「今週のトップ5」のレシピと材料を揃えた「クックパッドコーナー」を作るというように、新規事業のアイデアをいくつも考えてみるのだ。

新規事業は成功よりも失敗のほうが何倍も多い。企業は多くの失敗を許容し、次々に新しい芽を生み出していく仕掛けを作り上げねばならない。個々のビジネスマンも、失敗しても挫《くじ》けることなく、新たな事業に挑戦するマインドが必要だろう。

なお、アイドルエコノミーの活用法を含めて、「無」から「有」を生み出すための思考法は、拙著『発想力』（小学館新書）に詳述したので、併せてご覧いただきたい。

A **誰かが所有しているモノや空間を複数の人間で共有する「シェアエコノミー」や、空いているモノや空間を活用する「アイドルエコノミー」は新ビジネスの主流になる。**

ビジネス最先端②

Q「フィンテック革命」をビジネスチャンスにつなげるには?

金融とＩＴ（情報技術）を組み合わせた「フィンテック（FinTech）」の普及を促進するための改正銀行法と、ビットコインなどの仮想通貨を規制する改正資金決済法が成立し、金融機関側でも三菱ＵＦＪ銀行が独自の仮想通貨導入の実証実験を開始するなど、フィンテックを駆使した新たな金融サービスが身近なものになりつつある。

「フィンテック」はファイナンスとテクノロジーを合わせた造語だが、単に金融分野にＩＴを活用する、という話ではない。その本質は、送金、投資、決済、融資、預金、経理・会計といった従来のファイナンスのあらゆる領域をテクノロジーが再定義し、これまで金融機関がやっていたことを金融機関ではない企業が奪っていく、ということだ。

これは既存の金融機関にとっては実に恐ろしい話である。すでにアメリカでフィンテックは巨大な産業になって「金融業界におけるウーバー」とも形容されており、銀行の株式時価総額で世界1位の米ウェルズ・ファーゴのジョン・スタンフ会長兼CEOは「新しいフィンテック企業から学ぶべきものは多い。積極的に協業していく」と述べている。

具体的には、どのような変化が起きているのか？　もう少しわかりやすく説明しよう。たとえば、ビットコインに代表される仮想通貨の基盤技術である「ブロックチェーン」は、すべてのトランザクション（取引）を、それに関係するすべてのコンピューターが記録することで人間の指紋のように複製や偽造ができなくなり、特定の権威なしにトランザクションの正当性を保証するという仕組みである。この一つの例が「仮想通貨の残高」などを、数多くのコンピューターの〝協力〟で改竄できなくする技術だ。これにより、ネット上の仮想通貨の信頼性や決済機能が支えられている。

フィンテックの「四つの原理」とは

実は、通貨というものはすべて新しい技術とセットだった。石を通貨にしていた時代は丸くする技術が難しかったし、金貨や銀貨や銅貨を同じ大きさと重さと形で大量に作る技術も為政者（中央政府）以外にはなかなか持ち得なかった。それが〝信用〟を生んできたのである。その後、紙幣になってからは偽札防止技術が進化し、その価値を国家などが保証することで決済のための交換媒体となった。

そして今度の仮想通貨は、ブロックチェーンという新技術によって信頼できる（紙幣よりも便利な）通貨の交換・決済ができるようになった、ということだ。

簡単な例を挙げると、今はクレジットカードを使うと3〜5％の手数料を取られる。これは、まずクレジットカード利用者の中に支払い不能になる人がいるため、その回収コストや不良債権になった時のコストが発生するからだ。さらに、店舗の端末からNTTデータのCAFISなどのカード決済サービスと全銀システム（全国銀行データ通信システム）を経由した個人口座へのアクセスにも高い手数料が必要になる。

しかし、ブロックチェーンでトランザクションの証明ができて複製や偽造が不可能な仮想通貨なら、CAFISや全銀システムのようなものを通る必要がなく、スマホやPCからのわずかなパケット料金だけで済むので、決済コストが著しく安くなる上、第三者ではなく個人個人が自分で自分の信用を証明できる。
私が考えるフィンテックの「四つの原理」は次の通りだ。

①価値があるものは何でも貨幣と置き換えて考えられる。
②価値は時間の関数である。
③スマホセントリックのエコシステム（スマホ中心の生態系）を使えば、ほぼ瞬時に全世界のどことでも誰とでも取引することができる。
④以上三つの原理を実行するために必要な〝信用〟を（サイバー空間で）提供するものが、国家や金融機関に取って代わる。

要するに、ユビキタス社会では国家や金融機関に頼ることなく「本人が信用を持ち歩けるようになる」わけで、これは画期的なことである。前述したフェイスブックの仮想通貨「リブラ」は、その意味でも注目に値する。

ＡＩが資産運用

すでに海外では様々な金融分野でフィンテック企業が勃興している。たとえば、スマホを活用した手軽な決済支援・小口送金ができる「ペイパル」や「スクエア」、ＡＩを使った資産運用の「パーソナルキャピタル」や「ベターメント」、融資ネット仲介・消費者金融の「レンディングクラブ」や「アヴァント」などである。日本の株式市場では、先進的なブロックチェーン技術を有する「テックビューロ」（株式未上場）と業務提携した「アイリッジ」をはじめ、「インフォテリア」「オウケイウェイヴ」「ＳＪＩ」「さくらインターネット」「フィスコ」「ロックオン」などのＩＴ企業が〝フィンテック関連銘柄〟として注目を集めている。

また、アメリカではほとんどの人が電子家計簿を使っている。サラリーマンも確定申告をしなければならないからだが、年度末に申告する時は会計士や税理士を使わずに電子決済で納税できる。さらに、資産運用分野では、ロボットアドバイザーによるデジタル資産運用サービスが急成長している。細かい話では、お釣りを貯めて金融商品で運用してくれたりもする。これまでは基本的に金持ちしか銀行や証券会社の資産運用サービスを利用することができなかったが、今や資産が少ない人でもロボットアドバイザーを活用すれば、かなり的確なファイナンシャル・マネジメントが可能になったのである。

35年以上前の〝フィンテック特許〟

私は1982年に「フロート式デビット決済法」という特許を日米で取得し、特許切れしたあとも請求範囲を工夫して現在も保有している。これは日本最古のビジネスモデル特許と言われているものだ。

店頭で消費者がデビットカード（預金口座と紐付けされた決済取引用カード）を使って支払うと、電話を使ってその人の銀行の総合口座に照会・認証を行ない、使った金額の分だけ預金に〝鍵〟をかけるという仕組みである。たとえば、1泊3万円のホテルに宿泊する人が普通預金に1円も残高がないとしても、定期預金に100万円入っている場合、そのうち3万円について引き落とし日まで定期預金を勝手に解約できないようにするわけだ。

現在使われているデビットカードは、買い物をするとすぐに普通預金口座の残高が減るが、私が考案したフロート式（浮かせる、つまり先延ばしにするの意）では、クレジットのように後払いが基本となる。これが決済方法としては最も便利かつ確実だ。

一方、現在使われているクレジットカードは、各店舗がクレジット会社に手数料を支払っている。安い部類の家電量販店やデパートなどでは決済額の1~3%、一般の小売店では3~5%、バーなどの飲食店では7%近く取られることもある。これにはクレジットカード会社と銀行の利益になる分も含まれるが、クレジットカードの利用者のうち一定の割合で、期日になっても残高不足などで引き落とせない人がいるという〝不良債権コスト〟が発生するから、手数料が高くなるのだ。つまり、一部の「払わない債務者」のために、多くの「期日通りに支払う人々」に負担をかけている不公平な仕組みと言える。

かたや「フロート式デビット決済法」なら、照会・認証のコストは1回0・3円のパケット通信料だけで済む。しかも、普通預金口座に残高がなくても、定期預金など「将来の支払い能力(自分で創り出した信用)」があれば、その部分に鍵をかけることで取りっぱぐれがなくなる。これなら公平な仕組みであり、取引コストも下がる。

実際には日本では電話回線では銀行口座につながらないので、コストの高い全銀システムを経由しなければならない。しかし、冒頭で述べたブロックチェーンのような技術を使えば普通の通信回線を使えるわけで、そうなると私の特許がいわば〝元祖フィンテック〟の要として生きてくる。前述したように、中国ではアリババとテンセントの二大IT企業がスマホ決済のシステムを構築している。アリババの「アリペイ」とテンセントの「ウィーチャットペイ」を、それぞれ10億人以上が利用するようになったので、銀聯などのクレジットカードは一気に駆逐されてしまった。

スマホ決済はアフリカが一番進んでいる

フィンテックの基本概念は前述の通り、原理①の「価値があるものは何でも貨幣と置き換えて考えられる」ということだ。

この考え方でフロート式デビット決済法を発展させると、鍵をかける対象（「担保」に近いもの）は「定期預金」に限らない。たとえば、住宅、車、生命保険、退職金、年金など、将来的にお金の形に換わるものなら何でもよくなる。自分の労働を確約してそれを提供してもよい。原理④にある通り、「信用を創造する人」が仲介する〝場（Exchange）〟を作ってくれれば、何でも等価換算できるのだ。

つまり、支払いが滞った場合は、住宅や車を売却した時、生命保険が下りた時、退職金や年金を受給した時に支払うという約束をサイバー上で交わすのである。そうしたシステムを作り上げれば、住宅や車、将来の生命保険、退職金、年金などが「現在のキャッシュ」と同じ価値を持つわけだ。

ただし、「現在の3万円」と「将来の3万円」は同じではないので、原理②が適用されることになる。

たとえば、生命保険に鍵をかけるなら「現在の3万円」の価値が平均寿命まで生きた場合はいくらに増えるか、自動的に計算する。仮に「将来価値は4万円」になるとしよう。いま1泊3万円のホテルに泊まる人の口座残高が普通預金・定期ともにゼロだとしても、「将来の生命保険」に4万円分の鍵をかければよい。スマホをかざすだけで死亡時の生命保険を4万円分ロックするシステムを作るのだ。

この人が、期日までに普通預金口座に3万円を入金すれば、そこから引き落とせばよいし、その時には生保の鍵を外す。もし入金がなくても、死んだ時にもらうので取りっぱぐれはない。

これがフィンテックの典型だ。要は「約束事」だけの仕掛けなのである。経済紙誌などを読むと、あたかもフィンテックは全く新しくて複雑なものであるかのようだが、実際にはさほど新しいものではないし、複雑なものでもないのである。

それがいま持てはやされているのは、まだ手垢がついていない言葉であることに加え、スマホが世界中で爆発的に普及したからだ。

実は、スマホによる決済が世界で最も進んでいるのはアフリカである。たとえば、ナイジェリアで働いている息子がザンビアにいる母親に送金する時は、「パルティ・エアテル」という会社のモバイル決済サービスを使い、キャッシュ（ナイジェリアの貨幣）をスマホで「エアテル・マネー」という仮想通貨に換えて送信する。すると、母親のスマホにその金額の仮想通貨がチャージされる。それがキャッシュ（ザンビアの貨幣）の代わりに使えるのだ。アフリカの小さな町や村に銀行はないが電話会社はあるから、そういうシステムが発達したのである。これは紛れもないフィンテックだ。

こうしたフィンテックの考え方を使えば、ビジネスチャンスは大きく広がる。

すでに日本は、電車や飛行機に乗る時はチケットの購入から座席指定まで、すべてスマホで可能になっている。これは原理③の「貨幣に依存しないスマホ経済」であり、全世界共通である。ということは、今後金融機関が（タクシー業界を脅かしている）〝ウーバー的新参者〟に大きく侵食される、ということを予告しているとみるべきだ。

日本は、ＪＲ東日本の「Ｓｕｉｃａ」や首都圏の私鉄・地下鉄・バス用の「ＰＡＳＭＯ」など、交通系の非接触型ＩＣカードの普及率が非常に高く、地域別に様々な種類がある。さらに「Ｅｄｙ」「ｉＤ」「ｎａｎａｃｏ」「ＷＡＯＮ」「ＱＵＩＣＰａｙ」といった電子マネーも多様だ。ヤマダ電機やビックカメラなどのポイントカードも多くの人が持っており、貨幣に近い価値を持つ。楽天スーパーポイントなどのネット上のポイントも同様だ。

ここに野心的な企業がフィンテックの考え方を持ち込んで、すべてのＩＣカードや電子マネー、ポイント制度、さらには生命保険や退職金も含めて互換性を持たせ、「現在の貨幣」に換算する仕組みを作れば、大きなビジネスになるだろう。換算するもののリスクを評価し、そのリスクに応じたアービトラージ（サヤ取り）をして一手に引き受けるのだ。リスクは規模が大きくなればなるほど薄まっていくので、この会社は巨大な〝フィンテック商社〟になることができる（原理④）。

あるいは、交通系の非接触型ＩＣカードの場合、その人が、いつ、どこからどこまで乗車したかという「人の動き」を把握して、それをビジネスにつなげることができる。

たとえば、Aさんがウィークデーは毎日B駅からC駅まで通勤していたら、C駅前のデパートがAさんのスマホに「本日は帰宅前に売り場でこの画面を提示していただければ、特別に3割引きにいたします」というようなメールを送る。個人を狙ったワン・トゥ・ワン（One to One）マーケティングを展開するのだ。

目の前で起きているフィンテックの動きだけに目を奪われることなく、その本質と「四つの原理」を頭に入れて考えれば、いくらでもビジネスチャンスは拡大する。

そうなれば、日本銀行が発行する通貨の量に関係なくお金（と等価のもの）が動くので、経済規模は何倍にも膨らむ。言い換えれば、原理④の、国家が発行する通貨を前提にしない「信用の創造」ができる時代が到来しているのだ。

A 貨幣に依存しないスマホ経済は、銀行など従来の金融機関の業務を侵食していく。ICカードや電子マネーに互換性を持たせて「人の動き」につなげれば、ビジネスチャンスは拡大する。

Q 日本の基幹産業「自動車」市場は今後どう変化していくのか？

日本の高度成長を牽引してきたのは、「自動車」だ。自動車産業は、トヨタ、ホンダといった完成車メーカーだけでなく、資材調達、販売、整備、運送など幅広い分野にわたる総合産業だ。

日本自動車工業会の推計によれば、自動車関連産業に直接・間接に従事する就業人口は約539万人。日本の全就業者数は約6530万人なので、労働者の8・3％が自動車関連産業に関わっていることになる。

さらに、2015年の自動車製造業（二輪車、車体・付随車、部分品・付属品を含む）の製造品出荷額等は、57兆5524億円。全製造業の製造品出荷額等に占める割合は18・2

%で、機械工業に限れば40・3%に達している。自動車関連の輸出額は、16兆1000億円だ（日本自動車工業会HPより）。数字からも「日本の基幹産業」と言ってよいことがわかる。

結論から言えば、この「日本の自動車産業」は、今後10年以内に窮地に立たされることになる。何年も前から言っていることだが、自動車をめぐっては今後、大きく三つの変化が起きる。

①カーシェアリングのさらなる普及
②ガソリン車から電気自動車（EV）への移行
③都市部の自動運転化

具体的に見ていこう。

まずカーシェアリングだ。すでに都市部では普及しており、このままカーシェアリングが進めば、車の所有台数は3割減ると言われる。台数が減るだけではない。カーシェアリングの場合は「いつでも使える」「近くにある」「スマホで予約しやすい」などの利便性が重要になり、「トヨタなのか日産なのか」は関係ない。もっと言えば「日本車かどうか」さえ、差別化にはつながらない。ユーザーは、思い立った時にスマホでいつでも予約できて、安全で運転しやすい車でさえあれば何でもよい。つまり「車のコモディティ化」が進むのだ。トヨタは２０１９年７月からサブスクリプション（定額制）サービス「ＫＩＮＴＯ　ＯＮＥ」を展開し始めたが、カーシェアリングやリースのサービスも充実している中で事業を拡大させるのは容易ではない。

日本メーカーが築き上げた「エンジン技術」は不要に

さらに大きな影響があるのが、電気自動車への移行だ。

ガソリン車は、だいたい２万～３万点の部品から成り立っている。トヨタなど完成車メーカーの工場で行なっていることは、その組み立てだ。完成車メーカーを頂点とし、その下に数多の部品会社が連なるピラミッド構造を成している。精巧な部品を精巧に組み立て、故障の少ない高性能のエンジンを作る。これが日本車の強みだった。部品を必要な時に必要な量だけ調達し、最小限の在庫で効率的に生産するトヨタの「かんばん方式」は有名だが、それが成立するのは強固なピラミッド構造が整っているからだ。高度な産業インフラである。

ところが、電気自動車は部品が極端に減る。その数は3000点ほどしかない。ガソリン車の10分の1である。ということは、単純計算で、今の下請けの規模も10分の1に減ることになる。日本の自動車産業の強みは、これで吹き飛んでしまう。「壊れにくい」というのが日本車の強みだったが、構造が単純化するから、どこで作っても壊れにくい車になる。

ならばエンジンに相当するバッテリー（リチウムイオン電池）で差別化できないか？だが、これは難しい。バッテリーはすでにコモディティ化が始まっているからだ。逆に言えば、コモディティ化していないバッテリーは淘汰されるだろう。ガソリンを考えてもらえばわかるが、販売店によって価格に違いはあるものの、商品としてはハイオクとレギュラーしかない。バッテリーもそうやって集約されていくはずで、差別化を図ろうとしても難しい。せいぜい単位体積あたりの容量を増やすといったイノベーションしかできない。

エンジンの性能で差別化していた日本の自動車産業が窮地に陥ることは明らかだろう。

これは遠い未来の話ではない。少なくともガソリン車による大気汚染が激しい中国やインド、カリフォルニアなどでは、半強制的に電気自動車に移行していくだろう。今から10年以内には、業界全体が電気自動車へとシフトしていくはずだ。

ウーバーの真の狙い

自動運転も大きな潮流だ。

日本では日産が、２０２０年までに自動運転車の発売を目指すと発表しているが、自動運転車を開発しているのは自動車メーカーだけではない。世界に目を転じれば、テスラ・モーターズ、グーグル、ウーバーなど、多種多様な会社が参入している。日本でも、インテルなどが出資するロボットベンチャー企業ＺＭＰが開発に取り組んでいる。

私が注目するのは、ウーバーの動きだ。

前述したように、ウーバーはスマホのアプリを利用した配車サービスを提供している。

だが、やってくるのは、ウーバー保有のタクシーではない。同社と契約している個人タクシーや個人の一般ドライバーが運転する車である。空いているアイドル（idle）・ドライバーとその車を、乗りたい人とマッチングしているのだ。

では、そんなウーバーがなぜ自動運転車の開発に参入するのか？

理由は単純だ。自動運転車さえあれば、アイドル・ドライバーが不要になるからだ。スマホで呼び出すと、無人の自動運転車が目の前に着く。乗り込めば、事前に予約した目的地まで連れていってくれる。客を降ろしたウーバーの自動運転車は、次の客がいる場所へ自動で向かう。

アイドル・ドライバーに支払っていたコストがなくなるわけだから、当然、ウーバーの自動運転タクシーのほうが安価になる。実現すれば、レンタカーも必要なくなるだろう。プログラミングした先に連れていってくれるのだから、わざわざレンタカーを借りる必要がない。ウーバーの考えを発展させていくと、電車通勤が中心の大都市では自家用車も要らなくなる。コスト面でも、自家用車を所有するより、無人タクシーをその都度利用したほうが安くなる。

自動運転が当たり前になれば、従来のタクシー業界やレンタカー業界はもとより、自家用車の必要がなくなるのだから、自動車産業の規模もドラスティックに縮小する。また、車を所有するからブランドやデザインを気にするのであって、日々利用するバスや電車の見た目を気にする人間はいない。今日乗ったタクシーのメーカーがトヨタだったか日産だったかを誰も気にしないように、安全で便利な乗り物であればそれでよいのだ。

無人の自動運転タクシーが「公共交通機関」に

自動運転の無人タクシーは、交通インフラを根本から変えることになる。

たとえば東京は、世界の大都市と比べても、電車やバスの公共交通網が発展している。自動運転タクシーを東京に組み込むとどうなるか。たとえば、自宅からA地点にある時刻までに行かなければならないとする。その条件をスマホに入力すると、勝手に最速のルートと出発時刻を算出し、その時刻になったら自宅前に自動運転タクシーが迎えに来る。タクシーは自宅の最寄り駅まで送ってくれるので、そこからA地点の最寄り駅までは電車に乗る。駅で降りると、目の前にまた自動運転タクシーが迎えに来てA地点まで送り届けてくれる――。これが最も早く、楽に移動できる仕組みになるのだ。自家用車で自宅から目的地まで行く人が減るから、渋滞も解消する。東京に張り巡らされた道路網が、そのまま公共交通機関に早変わりするわけだ。

自動運転車の恩恵を最も受けるのは、都市部である。

すでに世界各地で、アーバニゼーション——都市の集中化が始まっている。途上国であれ先進国であれ、人口は都市部に集中している。都市部は道路インフラが整っている。そこに自動運転の電気自動車が入り込めば、渋滞と環境汚染が一気に片付く。歩行者の安全をどう確保するかという問題は残っているが、それもＡＩ技術の進歩によって、目途がつきつつある。ジャカルタやバンコク、リオデジャネイロ、メキシコシティなどの都市で現在の激しい渋滞が緩和できるとなれば、こぞって自動運転車に移行するだろう。今から鉄道網や地下鉄を建設するよりも、はるかに安くつくからだ。

そうなると、「自動車産業」は「移動産業」へと変貌することになる。その時、力を持つのは車を製造する「ハード」の会社ではなく、自動運転やそれを効率的に運用する「ソフト」の会社だ。アメリカのトランプ大統領は、未だに自国の自動車産業に肩入れしようとしているが、終わりゆくことが明らかな産業を、どう盛り返そうというのか。それは日本でも同じである。「自動車産業の未来は？」と問われたら、「遠くない将来になくなる」という答え以外、私には見つけられない。

いったん走り出せば、変化は早い。日本の自動車産業も、そうした世界の急激な変化に対応して「移動産業」に生まれ変われなければ、衰退の一途をたどるだろう。

A

自動運転の無人タクシーが、交通インフラを根本から変えていくだろう。車を製造する「ハード」の会社より、自動運転やそれを運用する「ソフト」の会社が牽引役となる。

第3部

「2020年代」のための成長戦略

新たな鉱脈

Q 「高齢化」「少子化」社会で どんなビジネスチャンスがあるのか?

周知の通り、日本はすでに「超高齢社会」だ。

世界保健機関(WHO)の定義では、高齢化率(人口のうち65歳以上が占める割合)が7%を超えれば「高齢化社会」、14%超で「高齢社会」、21%を超えると「超高齢社会」となる。

第1部でも触れたが、日本の老年人口(65歳以上の人口)は、2017年時点で27・7%。これが2065年には38・4%に上昇すると予測されている。人口減少も喫緊の課題で、2053年には人口1億人を割り込み、2065年には3割減の8808万人にまで激減するとされている。

総務省の「人口推計」（2018年10月1日時点）によれば、15歳未満の人口は前年より17万8000人少ない1541万5000人で、総人口に占める割合は12・2％と過去最低となった。政府は「少子化対策」を打ち出しているが、ほとんど効果は出ていないのが現状だ。

超高齢社会、人口減、少子化……。

こうしたワードを前にして、暗くなるビジネスパーソンは多い。「人口が減ると、ビジネスチャンスも減る」「介護くらいしか、成長分野がない」――。本当にそうだろうか？

日本人の大半は「教わったこと」や「指示されたこと」以外をやろうとしない。学校で教えられたことを丸暗記し、それを答案用紙に書き込む。そうやって高校、大学と進んできたから、「教えられていないこと」ができないのだ。その結果、大多数の日本のビジネスパーソンは、業務遂行型の発想で働いている。会社や上司の指示通りに動いているだけなのだ。だが、少し頭を使えば、こんなにビジネスチャンスがあふれている時代はない。

いったい成功者は、どこにビジネスチャンスを見いだしているのか。いくつか具体的に見ていこう。

エアビーアンドビーの経済効果は1兆円近く

たとえば、第2部で紹介したエアビーアンドビーだ。

エアビーは2008年にサンフランシスコで誕生し、今や「世界最大級の宿泊予約サイト」になっている。個人が所有している空き部屋や一軒家などを、インターネットを介して宿泊希望者に仲介する「民泊」のプラットホームだ。世界191か国に500万件以上の宿泊先が登録されている（2019年10月末時点）。

日本語でも2013年からサービスをスタートし、当初は日本国内にも5万件以上の宿泊先が登録された。ただし、当時日本では「エアビーは違法だ」「いや違法じゃない」という不毛な議論が広がり、エアビーの本質が見えていなかった。

その後、2017年4月に同社が発表した〈日本における経済活動レポート〉によれば、「2016年にＡｉｒｂｎｂコミュニティが経済活動により創出した利益は4061億円であり、その経済効果は9200億円に及ぶ」と推計されている。1兆円に迫る経済効果だ。エアビーを通じて部屋を提供した標準的なホストの年間収入額は100万4830円。2016年の1年間で、370万人以上のインバウンドゲスト（訪日旅行客）がエアビーの物件に宿泊したという。

2016年1年間に日本を訪れた外国人客数は、過去最高の約2400万人に達した。ところが、日本国内のホテルや旅館などに宿泊した人数は約1900万人しかいなかった。その差500万人のうち370万人をエアビーが分捕り、4061億円儲けたことになる。2019年6月には一晩の宿泊者数で東京と大阪が世界トップ10に入ったと報じられた。

では、従来型のホテルや旅館の予約サイトとエアビーでは、何が異なるのか。

一つは、探しやすさだ。地図を動かしながら検索できるので、利用したい場所で、ピンポイントで借りられる。

もう一つは値段の設定方法だ。ホテルや旅館は「1人いくら」という料金設定である。基本的に、ベッドの数しか泊まれない。一方、エアビーが仲介している個人の部屋や一軒家は、そうした制限がない。あくまで「1部屋いくら」という料金設定だ。私の友人にエアビーで都内のマンションの1室（2LDK）を貸している人がいるが、話を聞いたら

「6人くらいで利用するケースが多い」という。本人たちさえ平気ならば、ソファに寝ても、床にゴロ寝してもよいわけだ。これなら借りる側も安く済む。売り上げは月平均100万円。空いている部屋を貸しただけで月に100万円も稼げるならば、貸し手にとってもありがたい。まさにウィンウィンである。

赤字に喘いでいた公共の宿が黒字に

超高齢社会や人口減は、見方を変えれば、「空き家・空き室が増えている」ということだ。ならば、それを活用すれば面白いことができるのではないか、と発想すべきだろう。

過日、オーストラリアから帰ってくる飛行機の中で、面白い男性に会った。Aさんとしよう。隣に座ったAさんが、「大前さんですか?」と話しかけてきた。

話を聞くと、四国の山奥で公共の宿の運営を任されているのだという。

その施設は20年以上前の建物で、当初はにぎわっていたという。ところが、今では閑古鳥。赤字に喘いでいた。任されたAさんはどうしたか?

Aさん自身、ワーキング・ホリデーでオーストラリアなどに行った経験があった。ワーキング・ホリデーとは、滞在期間中の旅行費用を補うため、一定の範囲内で働くことを国同士で認め合う制度のことだ。原則18歳から30歳までで、二国間の取り決めによって行なわれる。日本は、オーストラリア、韓国、カナダ、台湾などと協定を結んでいる。

Aさんは、制度はあっても日本ではワーキング・ホリデーでやって来た若者の働き口が少ないことを知っていた。一方で、ワーキング・ホリデーでやって来た若者は、優秀なケースが多い。そこで、赤字の宿の短期従業員として、彼らを雇うことにした。

これにはいくつもの利点があった。一つ目は給与が安くて済む。二つ目は人材レベルが高い。先進国の人材なのでワードやエクセルはもちろん、インターネットリテラシーがある人も多いのだ。三つ目は、当然ながら母国語や英語に堪能である。彼らは宿の従業員になると、専門知識や語学を駆使し、インターネットで世界に向けて宿をPRした。何か国語も使って魅力あるウェブサイトを作るなどお手のものだ。すると、あっという間に外国人旅行客が殺到し、1年で黒字に転換できたのである。ワーキング・ホリデーで来日した若者からすれば、職は確保できるし、訪日旅行客とのコミュニケーションも楽しめる。訪日旅行客も、母国の人間から観光のアドバイスをもらえる。

この奇跡のような黒字化は四国で評判を呼び、Aさんはさらに2か所から経営を依頼されているという。アイデア一つで成功したわけだ。もしかしたら、数年後にはAさんが日本中の赤字で苦しんでいる公共の宿を運営しているかもしれない。

空いているスペースは何でも使え

「空いている」ことに目を付けて成功した新しいビジネスはまだある。

空きスペースの有効活用をビジネスに結び付けているのが、「軒先《のきさき》株式会社（軒先.com）」だ。２００８年、当時38歳の主婦だった西浦明子社長が、わずかな資金で立ち上げたベンチャー企業である。

軒先株式会社は、その名の通り、不動産会社が扱っていない（賃貸借の対象にならない）「軒先」の物件やスペースを対象にして、ウェブ上で貸したい人と借りたい人をマッチングするサービスを展開している。

軒先というデッドスペースがビジネスになるとは、それまで誰も考えていなかった。しかし、軒先を借りることができれば、バンタイプの移動店舗（キッチンカー）なら、その日のうちに店を開くことができる。軒先を貸した側には、デッドスペースだった所から賃料が入る。移動車販売だけでなく、リアルな店舗を持っていないネットショップが街角でファミリーセールを開いたり、地方の店舗が都市部で物産展を開いたりと様々な利用ができる。

ちょっとしたイベントにも、この「軒先ビジネス」は利用できる。たとえば、会社の駐車場。土日など会社が休みの日は広いスペースが空く。そこでフェアやイベントを展開するのだ。

同社はさらに、駐車場の空きにも目を付け、出かける前に駐車場が予約できるサービス「軒先パーキング」も始めている。たとえば、ある家の夫が単身赴任して、車も赴任先へ持っていったとする。家に戻ってくるのは、月に1~2回だ。つまり、その家の駐車場は、ほとんどの日は空いているので、それを貸し出すのだ。あるいはマイカー通勤している人の駐車場を、勤務時間の昼間だけ別の人が使うということもできる。

同じように、空いている月極や個人の駐車場を一時利用できるサービスを展開しているのが、「akippa(アキッパ)」だ。同社のサービスでは、スマホのアプリを使って全国の空き駐車場を探し、事前に予約することができる。個人宅の駐車場などが貸し出されているため、一般的なコインパーキングよりも料金が圧倒的に安い。さらに事前予約、クレジットカードによる事前決済なので、駐車場が見つからなくて困るということもない。時間貸し駐車場の数も、先行していた「タイムズ」（パーク24）の約2万か所、「三井のリパーク」（三井不動産リアルティ）の約1万5000か所に対し、3万か所を突破して業界1位になっている。

また、2016年末にはトヨタ自動車と提携した。レンタカー最大手のトヨタレンタカー店舗の駐車場をａｋｉｐｐａのサイトに登録し、ユーザーの利便性を高めるのだという。タイムズや三井のリパークではなく、トヨタが新興のａｋｉｐｐａと提携するというのが今の時代の流れなのだ。アイデアが秀でていれば、ビジネスはどこまでも大きくなるのである。

アイドルエコノミーはますます伸びる

軒先株式会社やａｋｉｐｐａと同じように「空いている」ものに目を付ければ、まだまだ可能性は広がってくる。月末が空いている、土日が空いている、土日は混んでいるが平日は空いている——といったニッチな部分に目が行くはずだ。

すぐに思いつくだけでも、シネマコンプレックスや観覧車など、特定の日にガラガラなところは多い。これをうまく活用できないかと考える。

自分で「リソース（資産）」を持たず、「空きリソース（アイドル）」をユーザーにマッチングすることをビジネスにするのだ。

空いているものを有効活用するという経済の新しいフレームワークの登場は、本質的な変化だ。第2部で世界的なサービスの新潮流として紹介したように、日本でも見られるこれらの経済現象を、私は「アイドルエコノミー」と呼んでいる。この分野は、少子高齢社会だからこそ、ますます伸びていくだろう。

ホテルや旅館もそうだ。

観光庁の「宿泊旅行統計調査」によれば、２０１８年の全国の宿泊施設の客室稼働率は平均61・２％だ。細かく見ていくと、シティホテル80・２％、ビジネスホテル75・５％、リゾートホテル58・３％、旅館38・８％、簡易宿所30・２％である。このうち、シティホテル、ビジネスホテル、リゾートホテル、旅館の稼働率は、２０１０年の調査開始以来、最高となったという。

過去最高値を記録したとはいえ、シティホテルでさえ20％近くの客室が未稼働なのである。旅館にいたっては60％以上の客室が未稼働だ。この空室をａｋｉｐｐａ風にマッチングすれば、一つのビジネスになるだろう。

この発想を拡大して、過疎の村の空き家を丸ごと宿泊施設にするという発想もあり得る。そうすれば地方創生も簡単だ。とくに最近の訪日外国人旅行客のニーズは、単なる名所の観光やショッピングから「体験」へと移行しつつある。地域の過疎化を嘆くのではなく、昔ながらの自然が残った農村で、そこでしか味わえない体験を提供すれば、村おこしもできてしまう。一見、マイナスに思えるところこそ、チャンスなのである。

内外格差に目を付ける

もう一つ例を挙げよう。

日本では、中古自動車は昔から値崩れが激しい商品として知られている。高齢化や人口減少で車の需要が減る中で、ますます「値段がつかない」中古車は増える。中古車を売る側にしてみれば由々しき事態だ——と普通は考える。しかし、これもビジネスチャンスになる。

「ビィ・フォアード」という会社の名前を聞いたことがあるだろうか。2004年に設立された会社で、扱っている主要商品は中古自動車だ。同社は「中古車の値段が安い」という状況を逆手に取った。

値崩れを起こしていて、古くなった車はなかなか買い手がつかないというのは、日本国内に限った話だ。ビィ・フォアードは、「だったら、どこへ持っていったら高く売れるか」と考えた。内外価格差に目を付けたわけだ。出した結論が、アフリカである。

発展途上国の特徴なのだが、通信インフラが整っていなかった地域は、固定電話の有線通信網を整備する段階をジャンプして、携帯電話（スマホ）の無線通信網が急激に広がっている。アフリカもその一つで、日本並み、あるいは日本以上にサイバー社会になっている。

そこでビィ・フォアードは、アフリカのサイバー社会で事業を展開したのである。日本車の評価が高く、日本では廃車扱いされてしまう年式の中古車でも、十分に需要があった。ネット通販が浸透しているので、自動車をネットで購入することにも抵抗がない。ビィ・フォアードの戦略は当たった。2018年には中古車輸出台数16万6745台、売上高671億4514万円に成長している。取引実績国もアフリカを中心に拡大し、今や北米、南米、アジア、オセアニア、ヨーロッパと200か国に及ぶ。

日本で中古自動車の値崩れが起きたおかげで内外価格差が生まれ、それを元に利益を得る。車に限らず、こうした商品はたくさんあるだろう。超高齢社会、人口減社会では、それだけ「使われないもの」「使われていないもの」が増えるということだ。ならば、そこに目を付ける。そういう発想をすれば、まだまだ世界中には多くのビジネスチャンスが転がっているのだ。

A

超高齢社会や人口減は、ビジネスにとってマイナス要因だけではない。「空きリソース（＝アイドル）」を活用すれば、〝商い無限〟となる。

インバウンド

Q 外国人観光客「3000万人時代」に日本は何をすべきか？

日本政府は「2020年に2000万人、2030年に3000万人」としてきた訪日外国人客数の目標を「2020年に4000万人、2030年に6000万人」に倍増した。前述したように、2018年の訪日外国人客数は約3100万人に達し、7年連続で過去最高を更新して想定以上のペースで増えている。

日本政府観光局の統計によると、観光客の国・地域別で最も多かったのは中国（約838万人）で、続いて韓国（約754万人）、台湾（約476万人）、香港（約221万人）、アメリカ（約153万人）、タイ（約113万人）、オーストラリア（約55万人）の順だった。2019年1～9月の総数も約2442万人と、過去最も早いペースで2000万人を超えた。日韓関係の悪化から韓国人観光客は激減しているものの、このペースでいけば２０１９年も３０００万人の大台を突破するのはほぼ確実と見られている。

外国人観光客の増加は数字だけでなく、実感としてもよくわかる。

東京都心の街角や駅のホーム、電車内などでは、あちこちから中国語や韓国語が聞こえてくる。白人系の人たちも明らかに増えている。東京に限らず、全国のメジャーな観光地の光景は、外国人観光客が急増してガラリと変わってきた。

とはいえ、私は「２０３０年に６０００万人」という目標の達成は不可能に近く、「２０２０年に４０００万人」も難しいのではないかと思う。

なぜなら、外国人訪問客数はアメリカでさえ約７６９４万人（世界３位）で、観光の〝素材〟が優れているイタリアでも約６２１５万人（同５位）だからである（同１位はフランスの約８６９１万人）。政府は訪日外国人客数急増で「観光立国で経済成長だ！」と舞い上がっているようだが、スペインやイタリアなどが「国中どこへ行っても観光名所」であることを考えると、日本がグローバルな観光地としてそれらの国より魅力があるかと言えば、贔屓目《ひいきめ》に見ても「ＮＯ」だろう。

したがって日本はまず、丁寧に「3000万人台」を維持していくべきだと思う。そのためには、現在は京都などの「王道」スポットに偏っている外国人観光客に〝新たな日本〟を発見してもらい、リピートにつなげることが重要だ。

「新たな日本」を満喫できる観光ルート

外国人観光客に発見してもらうべき新たな日本は「京都」「奈良」「箱根」「日光」「高山」「銀座」「秋葉原」「東京スカイツリー」「渋谷109」といった〝点〟ではない。日本の美しい自然を満喫できる〝線〟や〝面〟の周遊ルートでなければならない。

各自治体も「インバウンド需要」を取り込むべく地元の観光地をプッシュしているようだが、なかなか浸透しない。役所が〝点〟で考え、ちまちまとバラバラに打ち出しているからだ。

一方、観光庁は外国人旅行者の地方への誘客を図るため、「ゴールデンルート（東京～富士山～関西）」に次ぐ観光コースとして、北海道、東北、中部、関西、四国、九州など七つの「広域観光周遊ルート」を認定している。しかし、それらはあまりにも「広域」すぎる。1週間以上の滞在が普通の欧米人観光客はともかく、中国人観光客の旅程は3泊4日か4泊5日が主流なので、もっとエリアを絞り込み、1日単位のコースを組み合わせた短期間のルートを設定すべきである。

では、日本の美しい自然を満喫できる〝線〟や〝面〟の新しい周遊ルートは、どのようなものが考えられるか？

大学時代に「通訳案内士」の国家資格を取得してアルバイトで2500人の外国人観光客をガイドし、その後も全国各地を車やバイクで旅してきた私が有望だと思うのは、たとえば北海道の札幌～登別温泉～洞爺湖だ。登別温泉の周辺には噴煙が上がっている火山や国内トップクラスの透明度を誇る倶多楽《くったら》湖などがある。2008年の洞爺湖サミットでメイン会場になった「ザ・ウィンザーホテル洞爺リゾート&スパ」は、洞爺湖の全景と反対側の内浦湾（噴火湾）の両方を見下ろす標高625mのポロモイ山山頂にあり、壮大なスケールの絶景が楽しめる。

東北は秋田県の田沢湖と青森県の十和田湖・奥入瀬《おいらせ》渓流を巡るルートだ。田沢湖は韓国の人気ドラマ『IRIS』のロケ地になったことで一時は韓国人観光客でにぎわったが、日本一深い瑠璃色の湖面が神秘的で、近くに秘湯・乳頭温泉郷もある。薄緑色の自然林に覆われた奥入瀬の景観は外国人も感動するだろう。

四国では愛媛県の宇和島から高知県の足摺岬にかけての西海岸がお勧めだ。ここの多島海はエーゲ海のように美しく、世界的な名勝地だと思う。

九州は阿蘇や由布院温泉だけでなく、鹿児島県の錦江湾エリアをフィーチャーすべきである。指宿《いぶすき》・開聞岳《かいもんだけ》・長崎鼻（山川港）から佐多岬のある大隅半島へと桜島を眺めながらフェリーで湾を横切れば、絶景が眼前に広がる。

こうした外国人観光客が好みそうな日本の大自然や原風景を楽しめるクオリティの高い周遊ルートについて、私は何年も前から雑誌や講演で紹介してきた。すでに多くの外国人に知られているところも多いが、まだまだ知られざる名所は全国各地にけっこうある。それを20くらいピックアップし、〝新たな日本〟の景勝地として海外の有力エージェントにPRするのだ。

情報発信には留学生を活用すべし

そういう〝新たな日本〟の観光ルートを外国人に広く知ってもらうためには、日本に来ている留学生たちを現地に招待してブログやSNSで情報を発信してもらうのが最も効果的だと思う。

中国なら、検索サイト最大手の「バイドゥ（百度）」に留学生がお勧め情報を書けば、すぐに観光客が押し寄せるだろう。以前、富士山の写真を撮影するスポットはここが一番だと留学生が書いたら、そこに中国人観光客を乗せたバスが1日に何台もやって来るようになった。また、中国では上海春秋国際旅行社と傘下の春秋航空が圧倒的な影響力を持っているので、この会社と手を組んでPR活動を展開すればよいと思う。

ただし、これから訪日観光客数を4000万人、さらに6000万人と増やしていくには、受け入れ態勢に課題が多い。

まず、宿泊施設のキャパシティが完全に不足している。すでに東京、大阪、京都をはじめメジャーな観光地のホテルは客室稼働率が90％近くに達し、常に満室状態だ。これは前述したエアビーアンドビーなどの民泊を増やして対応するしかないだろう。

移動手段も限界にきている。バスが不足しているし、運転手も足りない。将来的には日本語のできる留学生がアルバイトでガイドと運転手を兼ね、バンやミニバンなどで6～7人の観光客を案内するという方法がよいのではないか。旅客から料金を受け取ってバスやタクシーを運転する場合は第二種免許が必要というハードルはあるが、政府は通訳案内士の国家資格がなくても外国人観光客を相手にした有償ガイドができるように法律を改正したのだから、運転についても規制を緩和して留学生や外国語ができる定年直後の人材を活用すべきだと思う。たとえば、観光客から直接乗車料金を受け取るのではなく、旅行会社を通じて〝1日周遊ガイド料〟としてドライバー料や保険料込みで支払われるなら許可するなど、工夫の余地はある。

また、外国人観光客にとっては必須なＷｉ－Ｆｉ環境のインフラは全国くまなく整備し、どんな田舎でも無料で提供しなければならない。

さらに、地方観光の大きな課題は「食事」である。食材が豊富な九州や四国は比較的マシだが、本州の山間部などは飲食店そのものが少なく、駅前の蕎麦屋くらいしかない所も多い。外国人観光客が増えれば新しいレストランができる可能性はあるので、これは市場原理に任せるしかないだろう。

訪日外国人客数は2013年に初めて1000万人を突破した。それから5年で3000万人に到達したからといって、今後簡単に4000万人、5000万人になると思ったら大間違いだ。

〝新たな日本〟を発見してもらうことでリピーターを増やし、言語対応なども含めて丁寧に訪日客をもてなしていくしか「観光立国」の道はないと心得るべきである。

A

〝新たな日本〟を発見してもらうために、観光ルートや体験スポットなどの情報発信を促しつつ、宿泊施設や移動手段、飲食店などの受け入れ態勢を整備・充実させていくべきだ。

働き方改革

Q「月45時間」の残業規制は働き方・仕事をどう変えるか?

残業時間を規制せよ、という声が日本国内で大きくなっている。

安倍政権は2018年に残業時間の罰則付き上限規制などを盛り込んだ「働き方改革関連法」を可決・成立させ、2019年4月から順次施行している。残業時間の年間の上限は、原則として月45時間・年360時間とし、臨時的な特別な事情があって労使が合意する場合でも年720時間以内、複数月平均だと80時間以内で、繁忙期に限っては100時間未満とするという。

こうした動きには、電通の一件が大きく影響している。元電通社員の高橋まつりさん(当時24歳)が自殺してしまった事件だ。のちに三田労働基準監督署は、最長月130時間の残業などを理由に過労死と認定した。

　高橋さんは2015年4月に電通入社後、インターネットの広告部門を担当していたが、同年12月25日、住んでいた寮から投身自殺してしまった。弁護士によると、高橋さんの残業時間は、10月が130時間、11月が99時間だった。休日や深夜の勤務も連続し、1日の睡眠時間が2時間の日が何日も続いたという。非常に痛ましい事件である。

　この事件に対し、安倍首相の反応は早かった。報道によれば、安倍首相は高橋さんの命日の2016年12月25日に花とメッセージを送り、その約2か月後の2017年2月21日には、高橋さんの母・幸美さんと首相官邸で面会している。


〈面会後、幸美さんは「首相から娘の命日にお花をいただき、お礼にうかがった」と記者団に述べた。首相は昨年12月25日のまつりさんの一周忌に、自ら弔意を示したいと手紙と花を贈った。面会では、まつりさんの思い出話を聞いた首相が涙を浮かべる場面もあったという〉（2017年2月21日／日本経済新聞電子版）

多くの人は、首相の行動を「美談」と捉えるかもしれない。そして、それに続く「働き方改革」を歓迎しているかもしれない。だが、これは美談でも何でもない。なぜなら、そもそも高橋さんの一件と、社会的・政策的な判断としての「残業問題」は切り離して考えるべきだからだ。問題の本質をはき違えている。

高橋さんのツイッターからは、上司から日常的にパワハラを受けていたことがわかる。

「君の残業時間の20時間は会社にとって無駄」

「会議中に眠そうな顔をするのは管理ができていない」

「髪ボサボサ、目が充血したまま出勤するな」

「今の残業量で辛いのはキャパがなさすぎる」

こんな暴言を四六時中浴びていたのである。これは残業問題というより、パワハラ問題と言うべきではないか。残業時間をいくら規制して短縮したところで、パワハラ環境のもとでは高橋さんのような問題はなくならないだろう。

働き方には3種類ある

そもそも残業時間規制自体、間違った政策である。

この問題を整理するためには、すでに述べたように、働き方には3種類あることを認識しなければならない。

①ブルーカラー（単純労働）
②ホワイトカラー（定型業務）
③ホワイトカラー（クリエイティブ）

これは、③が優れていて①は能力がない、と言っているのではない。役割の違いであって、人の優劣ではない。

①のブルーカラーは、時給換算できる仕事である。たとえば、組み立て工場で8時間勤務して時給1000円ならば、1000×8＝日給8000円となる。

②は事務職だ。たとえば、売掛金の回収や出庫の管理。こうした定型業務に関しては、残業時間規制は必要だろう。

残業時間を規制するのは、あくまで①と②に関してのものと考えるべきである。ところが、①②③の働き方を混同しているため、すべてに規制をかけようということになってしまった。それが大間違いなのだ。

高橋さんのケースで言えば、彼女は③の人材として会社に採用されているはずだ。③の人材は、「仕事の時間」で評価されることはない。あくまでクリエイティブな「仕事の成果」を問われるのだ。これは時間で計れない。

端的に言えば、成果を出せるなら、自宅で作業しても何ら問題がない。逆に言えば、成果を出せないなら、何十時間もかかってしまう。

DeNAの創業者で代表取締役の南場智子氏は、以前、マッキンゼー・アンド・カンパニーで私のもとで働いていた。その後、ハーバード・ビジネス・スクールに進み、MBAを取得した。

彼女はほうぼうで「マッキンゼー時代は大前さんにいじめられた。それに比べたら、ハーバードは天国みたいに楽だった」と笑い話にして語っているが、それはそうだろう。大学を出て、いきなりマッキンゼーの現場に放り込まれたのだ。楽なはずがない。実際、最初の頃は、早くても帰宅は深夜3時過ぎだった。南場氏の創業したDeNAのビッダーズというオークションサイトで最初に売られたのは「大前研一の罵声を電話で15分浴びられる権利」だったから、彼女のトラウマは半端じゃなかったのだろう。しかし、彼女はプロフェッショナルとしてそれを乗り越え、ユーモアを交えてそんな権利をネットで売るほどに成長したのだ。

私は、「無為な長時間労働」を奨励しているのではない。夜9時に帰っても同じ成果を出せる人間もいるだろう。どれだけ時間をかけるかは本人が決めるべき問題であり、それがクリエイティブな仕事を選んだ人間の責任なのである。クリエイティブな仕事を選んで、体を壊すほど働かなければ成果が出せないなら、①や②の仕事に移ったほうがよい。

繰り返すが、高橋さんの場合は、上司が「残業時間の20時間は会社にとって無駄」「髪ボサボサ」などと、彼女の人間性そのものを否定した。これはあってはならないことである。ゆえに紛れもないパワハラなのだ。

残業規制が国を滅ぼす

クリエイティブな仕事をしているビジネスパーソンの中には、「残業時間規制は意義がある」と思う人がいるかもしれない。だが、クリエイティブは時間で評価すべき業種ではないのだ。成果物に対して1時間かけようが、60時間かけようが、それはあくまで本人の問題である。たとえば、成果物の期限があるのに、「今日は2時間残業したので……」と帰って寝てしまったら、クリエイティブな仕事は成り立たない。

つまり、ホワイトカラーを一括りにして「時間」で縛るようにしていくと、この国からクリエイティブな人材を排除することにつながっていく。残業規制は、亡国への一歩なのだ。

では、どうすればこの問題を解決できるのか？

一つの解は、ホワイトカラーをきちんと二つ（②定型業務と③クリエイティブ）に分け、採用体系や給与体系そのものを変えてしまうことである。

企業は、クリエイティブ採用を行ない、彼らを出来高で評価する。ただし年功序列の考え方はしない。社長が年収2000万円の企業であっても、優秀なクリエイティブ社員に対しては、年齢に関係なく2000万円を支払ってもよい。クリエイティブな仕事を目指すなら、残業時間の規制はないが、高額報酬が目指せる。一方、定型業務を行なう事務系の社員には、残業規制をかける。どちらを選ぶかは、本人の選択だ。もちろん、クリエイティブでは無理だと思ったら、やはり本人の選択で定型業務に移れるようにする。

日本の場合、戦後の高度成長の波に乗って右肩上がりで来たせいか、給与は一律に徐々に上がっていくものだと信じ込んでいる。だが、これはすでにどこの世界でも通用しなくなっている。

日本の社会でこれから最も不安定になっていくのは、②の定型業務の人たちだ。すでにアメリカでは始まっているが、ロボットやAIによって、彼らの仕事は奪われていく。定型業務のホワイトカラーのライバルは、他国の人間ではなく、ロボットやAIなのだ。事実、オックスフォード大学でAIなどの研究に取り組んでいるマイケル・オズボーンらは、アメリカでは10~20年内に労働人口の47%がAIやロボットに代替可能であるという試算を発表している。

企業サイドから考えれば、「クリエイティブな人材をどれだけ抱えられるか」で勝負が決まってくるだろう。

だが、残業時間規制によって仕事を「時間」で評価すると、社内のクリエイティブな人材は育たない。残業できないなら、外注するしかない。広告会社やテレビ局はすでにそうだが、クリエイティブな仕事の大半は外部に任せてしまっている。企業の付加価値を生み出しているのが、内部の人間ではなく、外部の人間になっているのだ。突き詰めて考えると、日本企業の競争力低下につながる。

これが「残業規制」の弊害なのだ。

A 単純労働や定型業務の場合は、残業時間規制が必要だ。しかし、クリエイティブな仕事は時間で計れない。それを時間で縛るような規制は、亡国への一歩となる。

仮想ロボット

Q 日本人の生産性と給与を引き上げるカギ「RPA」とは何か?

いま多くの日本企業で働き方改革や業務効率化の切り札として注目されているのがRPA(Robotic Process Automation/ロボットによるホワイトカラーの間接業務の自動化)だ。RPAは、AI(人工知能)やML(機械学習)を活用し、これまで人間が担っていた経理、総務、人事、購買、在庫管理などの定型的な間接業務を自動化するツールで、「デジタルレイバー」や「仮想知的労働者」「仮想ロボット」とも呼ばれている。

欧米企業は約20年前から導入を進め、間接業務を効率化して生産性を飛躍的に高めてきた。世界のRPA市場規模は2020年に50億ドル(約5400億円)に達するとされ、マッキンゼーは2025年までに全世界で1億人以上のホワイトカラーがRPAに置き換えられると予想している。

しかし日本企業は、この世界的な潮流から完全に後れを取ってしまった。日本国内のRPA市場が成長し始めたのは、ようやく2015年頃からである。

4000人分の業務を代行

報道によれば、RPAを活用して大きな成果を上げつつある企業もある。たとえば、住友商事はグループ全体で年間10万時間超に相当する労働時間を減らし、三井物産も年1万1000時間の業務量を削減した。三菱UFJ銀行は2023年度までに約3000人分に相当する業務量を減らす計画で、ソフトバンクは2020年度末までに4000人分の業務をRPAに代行させるという（2019年8月26日／日本経済新聞電子版）。

だが、これらは遅きに失しているし、費用対効果も怪しい。実際にRPAを使いこなしていくのは、非常に難しいのである。だから大半の日本企業は間接業務の生産性が上がらず、したがって給与も低いままなのだ。また、ITシステムなどを開発する会社もRPAを提供メニューに掲げているところは多いが、成果を誇示できるところは少ない。仕事の流れをゼロベースで構築できる人材が乏しく、ＲＰＡ実施後の顧客企業の人材、組織などまで含めた提案ができない。結果、改善成果を数字で示すまでに至らないケースが多い。

本来、ＲＰＡ導入を支援・指導する役割に最も近いのは会計士・税理士だろう。ただしＲＰＡが普及すると、彼らの仕事はそれに置き換えられてしまう。実際、世界最先端のＩＴ国家エストニアでは、ＲＰＡが普及した結果、会計士・税理士がいなくなった。

したがって私は、日本の会計士・税理士はもっと危機感を持ち、自分たちがＲＰＡの普及を推進するプロセスを通じて、従来の受託業務からＲＰＡなどで間接業務を効率化する「生産性向上コンサルタント」になっていくべきだと思う。

だが、そういう意識を持っている会計士・税理士はほとんどいないし、顧客企業の間接業務の内容を知悉《ちしつ》している人も少ない。

また、銀行も当然ＲＰＡの普及を推進する役割を担うべきだ。雑誌連載などでも、地銀の生き残り策としてＲＰＡなどによる生産性向上コンサルティング業務への参入を提案したが、抵当を取って安全な金貸しをやってきただけの人材では、業務に深く食い込んだＲＰＡのエキスパートにはなかなかなれない。

工場におけるロボット導入やTQC（全社的品質管理）の普及に寄与した外部エキスパート（日科技連など）の積極的関与に匹敵する動きは、まだRPAの分野ではほとんど見られていない。今後はこの問題を早急に解決し、今のところパッケージソフトばかりが宣伝されているRPAの本格導入を加速すべきである。

手本はトヨタの「かんばん方式」

その一方で、これからRPAを本格的に導入する企業では、間接業務のホワイトカラーが大量に余ってくる。彼らを営業、販売、製造などの直接業務に回して成果を上げていくのは難しい。こうした人余りの問題にどう対処するか、ということが大きなテーマとなる。

RPAの導入当初は、かつての工場と同じようにロボットを運用・管理する人員が必要になる。RPAは適切に運用・管理しないと「野良化」して、情報セキュリティのリスクが生じる、などの問題も指摘されているからだ。しかし、技術が発展すれば、いずれはそういう人員も不要になる。

そこで、早めにRPAを導入して成功した企業は、自社が培ったノウハウを他社に売り込む新事業を展開し、他の目的には使えない間接業務のホワイトカラーをそちらに振り向けるべきだと思う。逆に言うと、ＲＰＡに精通した人材を他社に先駆けて育成できれば、新たなビジネスチャンスが生まれる、ということだ。

実は、これも同じことが工場で起きている。トヨタ自動車の大野耐一《たいいち》さん（元副社長）が好例だ。彼は「かんばん方式」などのトヨタ生産方式を世界中に伝道したのである。オムロンも、自社で工場の業務を改善したノウハウをパッケージにして他社に売っていた。それらと同様に、自社がＲＰＡを導入して効果を上げたら、そのノウハウを商品化し、ＲＰＡコンサルティングチームを作って他社に派遣すればよいのである。

個人としても、ＲＰＡのエキスパートになれば引く手あまたになり、転職も起業も自由自在だろう。「遠からず自分の仕事がなくなるかもしれない」という危機感を募らせているホワイトカラーは、ＲＰＡの〝伝道師〟を目指すのがベストだ。それはＡＩが人間の脳を超える「シンギュラリティ（技術的特異点）」を前にした職業訓練やリカレント教育でも重要な視点となる。

しかし、いま政府が盛んに旗を振っている「働き方改革」は、仕事の「内容」ではなく

「外形」を変えようとしているだけであり、完全に的外れだ。そんな政府の働き方改革には〝面従腹背〟で、AIツールを活用して人材をクリエイティブな非定型業務に集中した企業とAIに置き換えられないスキルを身につけた個人がシンギュラリティ時代の勝者となるのだ。間接業務の生産性改革がとくに遅れた日本では、この目線で先行した企業と個人に大きなチャンスが待っている。

A 仮想ロボット「RPA」は、生産性を飛躍的に向上させる。その運用に精通した人材を育成できれば、新たなビジネスチャンスが生まれる。

電力供給

Q 日本経済を支えるためのエネルギー政策はどうあるべきか?

原発の再稼働が延々と進まない状況の中、化石燃料を持たない日本は、将来のエネルギー政策が問われている。日本経済の成長は「エネルギー」がネックになる可能性さえある。そうした中で、日本のエネルギー政策の将来像を考えてみよう。

日本政府は2030年度の「望ましい電源構成（ベストミックス）案」で、電源別の発電電力量構成比を以下のように決めた。

・再生可能エネルギー　22～24％（太陽光、水力、風力、地熱など）
・原子力　20～22％
・LNG（液化天然ガス）火力　27％

・石炭火力　26％
・石油火力　３％
一方、資源エネルギー庁の「電力調査統計」によると、２０１７年度の電源別発電電力量構成比は、
・再生可能エネルギー　15・４％
・原子力　３・０％
・ＬＮＧ火力　38・３％
・石炭火力　29・１％
・石油火力　３・３％
となっている。

政府は再生可能エネルギーを１・５倍に増やすとともに、東日本大震災後に低くなっていた原子力の比率を大きく引き上げ、ＬＮＧ火力、石炭火力、石油火力の比率を引き下げる方針だ。

しかし、これは「絵に描いた餅」だと思う。

なぜなら、まず、前述した2017年度の電源別発電電力量構成比の再生可能エネルギー15・4%には、水力の8・7%が含まれているからだ。つまり、水力を除いた太陽光や風力などの再生可能エネルギーが全体に占める割合は6・7%でしかないのである。

日本の場合、すでに各地にダムが行き渡り、水力はほぼ限界まで開発されているので、再生可能エネルギーを22～24%まで持っていくためには太陽光や風力などの発電電力量を現在のほぼ2・5倍にしなければならないことになる。これはけっこう大変だ。しかも、太陽光は固定価格買取制度（フィードインタリフ制度）による電力会社の電気買い取り価格が年々下がっているので、今後は民間事業者の新規参入や増設のペースが鈍ると見られている。

もし実現したとしても、今度は電力供給がお日様頼り、風頼りの不安定な状況になる。太陽光は、言うまでもなく夜間は発電できないし、昼間でも雨天や曇天の時があるから、設備利用率は平均13%でしかない。陸上風力の設備利用率も、風が吹かない日があるので、年間を通して見るとおよそ20%だ。つまり、発電設備が生み出すはずの電力量の5分の1～8分の1しか発電できないということになる。

それを前提として必要な電力を賄えるだけの設備を作ると、快晴や強風の日にフル稼働したら、太陽光は8倍、風力は5倍の電力量を発電してしまう。蓄電池に貯蔵したり、水素エネルギーに変換して貯蔵したりするといっても限度がある。それら以外、電力は貯めてはおけないので、余った電力の大半を捨てるしかない。そうしなければ、過大な電流が電線に流れ、送電システムが壊れてしまうからだ。

原発は再稼働の見込みなし

もう一つの問題は、原子力だ。前述したように政府の「望ましい電源構成案」では原子力の構成比が20～22％となっているが、これも無理だと思う。

2019年10月末時点で稼働しているのは関西電力高浜原発の3・4号機、四国電力伊方原発の3号機、九州電力川内原発の1・2号機、九州電力玄海原発の3・4号機、関西電力大飯原発の3・4号機の9基だけである。

しかし、それ以外のほとんどの原発は再稼働できないだろう。再稼働できるのは、すでに原子力規制委員会の安全審査で許可が出ている関西電力高浜原発の1・2号機と美浜原発の3号機くらいで、残りの原発は、もう再稼働できないと思う。建設中の原発も、稼働にこぎつけるのは極めて難しいだろう。

安倍政権は原発を原子力政策ではなく、日本が90日間で核兵器を開発できるだけの技術を持った「ニュークリア・レディ国（核準備国）」であり続けるための〝プルトニウム政策〟として考えていると思われ、かなり強引に再稼働を進めている。これから日本の電力行政の上で原子力をどうするかという問題について、安倍政権が真面目に取り組んでいるとは思えない。

したがって原発は、もはや長期的なエネルギー政策の中で主要な電源として計算に入れることはできないと思う。なぜなら、これまでに原子力が電源別の発電電力量構成比に占めた最大の比率は約30％だったが、今後は10％がせいぜいで、おそらく30年後にはほとんどすべての原子炉が火を消していると思われるからだ。

ロシアからのエネルギー輸入を

では、日本のエネルギー政策はどうあるべきなのか？

今後は「原子力ゼロ」を前提として、2017年度に電源別の発電電力量構成比で38・3％を占めているLNG火力に頼るしかないだろう。

その場合はロシアとの関係について、政府の意思決定が必要になると思う。すなわち、ロシアと平和条約を結び、LNGをサハリン（樺太）、あるいはウラジオストクからパイプラインで輸入するという意思決定だ。これが実現すれば、温室効果ガスを大量に排出する石炭火力を減らしていくことができる。

もしくはロシア側で発電してもらって高圧直流送電で、首都圏を賄う柏崎刈羽原発や福島第一原発につながっているグリッド（送電網）に持ってくるという手がある。この方法なら、日本の温室効果ガス排出量は増加しない。

ただし、根本的には国民と産業界の協力によって電力消費量を30％削減すべきだと思う。具体的な方策は、白熱電球のLED化、コンプレッサーやモーターの効率向上、建物の断熱化、空調の温度設定などだ。また、効果が高いのが高圧送電網の一元化である。今は地域別に9電力（沖縄電力を除く）に分かれているが、高圧送電網を一元化すれば北海道と九州の1時間半の時差を利用してピーク時の電力需要を東と西でずらしていくことができる。具体的には糸井川、富士川を境に50Hzと60Hzに分かれているが、これを変換できるようにする。その効果はおおよそ全体の需要の15％なので、東西が融通することによって設計能力を大幅に下げられるのだ。これらは政府が本気になって号令をかければ十分可能であり、それによって日本の温室効果ガス排出量をパリ条約に準拠して減らしていくべきだと思う。

A 政府の「望ましい電源構成」は絵に描いた餅だ。速やかにロシアからのエネルギー輸入や電力消費量の30％削減に取り組むべきである。

土地ボーナス

Q 増税せずに日本経済を再浮上させる成長戦略はあるか?

日本が再び成長するにはどうすればよいのか? 即効性のある対策は、私が20年以上前から提言している「容積率の緩和」しかないと思う。

経済成長するためには、生産(富の創出)を増やさなければならない。生産の3要素は「労働力」「資本」「土地」である。

しかし、少子高齢化が進んでいる日本は「人口ボーナス」(人口構成の変化が経済にプラスに作用する状態)がなくなるどころか、「人口オーナス」(人口構成の変化が経済にマイナスに作用する状態)になり、生産は海外に移転するしかなくなっている。労働力の要素では、成長余力がなくなっているわけだ。

また、資本は高齢化社会の影響と大幅な金融緩和で、超過剰になっている。繰り返し述べてきたように、個人金融資産は1800兆円を超え、その過半は、ほとんど金利のつかない普通預金や定期預金などに眠っている。企業が利益を社内に貯め込んだ内部留保も、過去最高の約463兆円(2018年度)に膨らんでいる。業績が好調な優良企業はキャッシュがダブつき、使い道がなくて困っている。

一方、土地については政府の理不尽な規制によって「土地ボーナス」が膨大に貯まっている。国が建蔽率(建物の敷地面積に対する建築面積の割合)と容積率(敷地面積に対する建物の延べ面積の割合)を勝手に決めているため、活用されていない土地・空間が山ほどあるのだ。

役人のサジ加減ひとつ

建蔽率と容積率は、建築基準法により「第一種低層住居専用地域」などの用途地域ごとに決められることになっている。原則として建蔽率が30~80%、容積率が50~1300%の範囲で制限が定められているが、そもそもそれらの数値にどんな根拠があるのか、さっぱりわからない。

たとえば、大阪・中之島の再開発で2012年に竣工した朝日新聞大阪本社ビル（中之島フェスティバルタワー）。同地域の容積率は1000％だったが、特区（都市再生特別地区）認定という意味不明の理屈によって1600％という突出した容積率が認められた。それにより、高さ200m、地上39階・地下3階建ての超高層ビルができたのだ。

もともと中之島は淀川の中州地帯であり、地盤が脆弱な地域だ。そこに容積率1600％、高さ200mもの高層ビルの建築を認めたということは、結局、容積率の基準値は厳密な安全性や耐震性の確固たる裏付けに基づいたものではなく、役人のサジ加減ひとつでどうにでもなる恣意的な代物だという証左である。そういうわけのわからない規制があるから、日本の都市開発は遅々として進まないのだ。

東京でさえ、道路や公園などを除く建物が建てられるエリアの平均使用容積率は23区内で136％、山手線の内側でも236％でしかない。23区内で平均1・3階建て、山手線の内側で同2・3階建てにすぎないのである。

それに対して、面積が山手線の内側とほぼ同じパリの都心部は平均6階建てだ。

山手線の内側をパリ並みにすれば、建物の床面積は2倍以上になる。ニューヨークのマンハッタンにいたっては、平均使用容積率が住宅街で約630%、オフィス街のミッドタウンで約1400%である。東京の5〜6倍の高さ（＝床面積）の建物が建てられているわけだ。

つまり、日本は建蔽率と容積率、とくに容積率をニューヨークやパリの水準に緩和するだけで、土地の要素が成長戦略に直結するのである。だから私は、容積率を緩和することによってあり余るカネを出動させて「土地ボーナスの開放」を図るべきだと考えているのだ。

容積率が「富」を生む

なぜ容積率が重要なのか？　「不動産の価値」は容積率に比例するからだ。

たとえば、マンションの建築面積が100坪で容積率が600%だったら床面積は600坪だが、容積率が1200%だったら床面積は1200坪になる。

都心で1坪あたりの販売価格が300万円とすれば、そのマンションの価値（共用部分の面積を無視した単純計算）は、容積率が６００％の場合は18億円、１２００％の場合は36億円になるわけだ。その不動産に投資してペイするかどうかは容積率で決まる。言い換えれば、容積率は「富」を生むのである。

それを国が建物そのものの安全性や耐震性ではなく、用途地域などによって恣意的に決めているところに根本的な問題があるのだ。

他の国はどうしているかというと、大半は国ではなく、州やコミュニティ（市町村）が容積率を決めている。たとえば、ドイツのフランクフルトはマンハッタン並みで制限がない。香港は土地が狭いため、地域によっては20ｍより低いビルを建ててはいけない。オーストラリアのゴールドコーストにある別荘地は建蔽率１００％で３階建て以下というルールがある。その理由は、建蔽率が小さい建物が建つと街並みが貧相になって不動産価値が下がると考えられているからだ。

日本は、容積率や建蔽率、高さ制限、土地の用途といった建物に関する規制の権限をすべて国から市町村に委譲すべきである。ただし、安全基準や耐震基準、街並みの統一基準などはむしろ厳しくして、地元の大学などがそれぞれの地域に合わせた基準を作り、最終的には住民が決めればよい。

建て替えブームが起きる

また、日本の場合は、東京都で美濃部亮吉知事時代の1978年に条例として導入された「日照権」（日当たりを確保する権利）の問題がある。建築基準法を満たしていても隣の日差しを遮るというだけで自分の土地に好きなように建物を建てられないのは、日本以外ではほとんど説明不能の概念だ。外国の大都市は、どこでも隣とギリギリに接してビルが林立しているし、日本のように隣の日当たりを確保するために上部の形が斜めになっている建物は見たことがない。

容積率を緩和して高層化すれば隣の日当たりが悪くなるのは当たり前だから、日照権が存在する限り、高層化はできなくなってしまう。したがって、大都市の日照権については、百歩譲って認めるとしても、20年間は棚上げにしてその間は建物の高層化を推し進めるべきだと思う。

このようにして容積率を緩和して「土地ボーナス」を開放すると、必然的に建て替えブームが起きる。容積率が2倍になったら大半の人が建て替えるので、個人金融資産1835兆円と企業の内部留保463兆円が出動し、一気に景気が良くなるだろう。建て替え資金がなくても、不動産の価値が2倍になるとなれば、カネが余っている金融機関が将来の賃貸料収入を抵当に融資してくれるはずだ。業界用語ではABS（資産担保証券）という手法である。土地の要素を活性化することで資本の要素が動き出すのだ。

その結果、何が起きるのかといえば、安倍政権が重要課題の一つに掲げている地方創生とは逆の「都心回帰」「東京一極集中」である。

だが、世界中で地方も含めて全国が一斉に経済成長を続けた例はないし、都心に高層マンションが増えれば、住宅の価格や賃貸料が安くなり、職住接近も進んで便利になる。ゴミゴミしている都心は嫌だから日当たりの良い家がある郊外に住みたいという人も、今よりずっと安く不動産が買える。二つの家を持ち、週末だけ郊外に住む生活も可能になる。

規制でがんじがらめになった日本にアベノミクスを導入しても、経済はピクリとも動かない。日本に残された成長余力は、「土地ボーナス」しかないことを理解し、その開放に全力を尽くすべきなのである。

日本は「街の景観」に無頓着

２０２０年の東京オリンピック・パラリンピックに向けて、都市景観の向上や災害時の救援・避難路確保などを目的とした「無電柱化」の議論が進んでいる。電柱の新設を原則的に禁じ、既存の電柱の撤去も進めることを目指す「無電柱化推進法」が２０１６年12月に成立した。

しかし、この問題は「国任せ」では永遠に解決しないと思う。そもそも無電柱化は、国が１９８６年度から３期にわたる「電線類地中化計画」、１９９９〜２００３年度の「新電線類地中化計画」、２００４〜２００８年度の「無電柱化推進計画」に基づいて取り組み、現在も「無電柱化に係るガイドライン」に沿って推進している。にもかかわらず、国土交通省の調査によると、無電柱化率は、最も進んでいる東京都ですら５％、東京23区でも７％でしかなく、他の道府県は０〜３％というお寒い状況だ。〝電柱大国〟と揶揄《やゆ》される所以《ゆえん》であり、だから大型台風や大地震に襲われるたびに電柱が倒れて、大規模な停電が起きているのだ。

一方、海外の無電柱化率はロンドン、パリ、香港が１００％、台北95％、シンガポール93％、ソウル46％、ジャカルタ35％などとなっている。日本の無電柱化は、欧州はもとよりアジアからも大きく遅れをとっているのだ。

それどころか、ＮＰＯ法人「電線のない街づくり支援ネットワーク」のホームページによれば、日本の電柱の総数は約３５００万本もあり、年間約7万本のペースで増え続けている。この数字を見ると、無電柱化推進法ができても、実際問題として無電柱化を一気に進めるのはかなり難しいだろう。

なぜこうなるのか？

国（および市民）が「街の景観」に無頓着だからである。日本には世界で最も窮屈な建築基準法があるが、そのどこにも街の景観についての具体的な記述は出てこない（「景観地区」「準景観地区」などの用語は出てくるが）。建築物の敷地、構造、設備、用途などについてはガチガチに決めているくせに、そもそも街の景観はどうあるべきか、何も書いてないのである。

だが、街の景観は、不動産の価値を決める最も重要な要素である。たとえば、高級住宅街の代名詞である東京・田園調布の価値は、その景観がもたらしている。多くの人が「こんな街に住んでみたい」と思うから不動産の価値が上がったのである。しかし、その認識が国に欠如しているため、日本全国津々浦々まで電柱だらけ、電線だらけになっているのだ。

スイスのインターラーケンでは、どの家も窓辺にゼラニウムの花を飾っている。あれは実は、観光地として絵になる景観を演出するため、窓辺にゼラニウムを飾らなければならないという決まりがあるのだ。また、ギリシャのサントリーニ島は家々の白い壁と教会の青い屋根の美しいコントラストで有名だが、これも白と青にしなければならないと決まっているのだ。そして、そういうことを決めているのは、すべてその市町村、つまり地方自治体とその住民である。

無電柱化は立派な「成長戦略」だ

結局、無電柱化の問題は、日本に「地方自治」がないことが原因なのだ。前述したように、不動産の価値を決める最も重要な要素は街の景観だから、どのように自分たちの街の景観をより良くして不動産の価値を上げていくかを考えるのが、自治体の最大の仕事の一つのはずである。なのに、どこかで国任せになっている。

無電柱化についてはコストの高さも指摘されている。しかし、無電柱化すると決めたら、それは必要な投資であり、日本はその程度の投資ができない国ではないだろう。すでに民間企業やＮＰＯが様々なコスト低減策を提案している。電力会社や通信会社を含めて取り組めば、決して不可能なことではない。

それに、現状の電柱と電線の維持費も安くはないと思う。たとえば、庭の木が大きくなって電線にかかると、電力会社が切りに来る。だが、木は伸び続けるから、電力会社は毎年それを繰り返している。そういうコストも含めると、現状のトータルコストはけっこう高くついているはずだ。

その一方では、地下に埋設されている上下水道やガスがバラバラに工事をするため、日本全国で年がら年中、道路を掘り返している。互いのコミュニケーションも長期戦略もなく、工事業者なども別々に利権化しているから、そうなるのだ。しかし、電線も電話線も水道やガスと一緒に道路などの地下に共同溝で埋設してしまえば、そのほうがトータルコストでは安上がりだし、地震や台風や竜巻などの自然災害にも強くなって国土強靭化に寄与するだろう。地下埋設のための土地収用に関しては住民が無料で協力しなければならない、といった条例も自治体ごとに制定する必要があるだろう。

そもそも無電柱化は街の景観を良くして不動産の価値を上げるのだから、これは立派な「成長戦略」だ。アベノミクスでも「第3の矢」（民間投資を喚起する成長戦略）として策定した「日本再興戦略」の中に無電柱化の推進を盛り込んでいるが、その目的は「観光地の魅力向上等を図るため」となっている。しかし、無電柱化の本来の目的は、その街に住んでいる人々の資産価値を上げることや安全や防災にある。無電柱化を実現できるか否かは、地方自治体が国任せにせず、責任感を持って自主的に取り組むかどうかで決まるだろう。

A 容積率と建蔽率を緩和すれば、建物の床面積は飛躍的に拡大し、莫大な「富」が生まれる。「無電柱化」による景観の改善も土地の価値を上げる効果が大きい。

国家救済ファンド

Q 日本の財政危機を乗り越える秘策はないか？

国際ＮＧＯ「オックスファム（Oxfam）」は２０１７年1月16日、マイクロソフトの共同創業者ビル・ゲイツ氏やＳＮＳ最大手フェイスブックの共同創業者マーク・ザッカーバーグ氏、インターネット通販最大手アマゾン・ドットコム共同創業者のジェフ・ベゾス氏ら世界で最も裕福な富豪８人の資産額と、世界人口のうち所得の低い半分に相当する36億人の資産額が同じだという報告書を発表した。

日本でも富裕層が増加しているとするデータがある。野村総合研究所が２０１８年12月に発表した調査によると、２０１７年に預貯金・株式・債券・投資信託などの純金融資産保有額（保有する金融資産の合計額から負債を差し引いた値）が１億円を超えている日本の「超富裕層」「富裕層」は126・7万世帯で2015年より約5万世帯増えたという。

2017年時点で純金融資産保有額が5億円以上の「超富裕層」は8・4万世帯。その純金融資産総額は2015年に比べて12・0%増加した。1億円以上5億円未満の「富裕層」も118・3万世帯で同9・1%増えた。野村総研は、2013年以降の景気拡大と株価上昇により、純金融資産が5000万円以上1億円未満だった「準富裕層」と1億円以上5億円未満だった「富裕層」の多くが資産を増やし、それぞれ「富裕層」と「超富裕層」に移行する傾向が継続したことが原因と分析。「富裕層」「超富裕層」の純金融資産総額を合わせると2017年時点で299兆円に達し、2000年以降で最高になったと推計している。

実質賃金が上がらず、控除や手当が減らされる一方の一般サラリーマンにとっては納得しにくい数字かもしれないが、株高などの影響で、富める者がさらに富む状況になっているのだ。

とはいえ、私が知る限り、日本の金持ちは資産のやり繰りや相続に悩んでいることが多い。彼らは、日本では最高で45%の所得税と55%の相続税を課せられるため、シンガポールや香港、ニュージーランドなどに移住するケースが少なくない。

しかし、母国を離れた不便や寂しさを感じている人もいるし、相続税対策のために養子縁組をしたり、あえて借金をしたりして節税の工夫を凝らしながら、結局、大半の人が多額の資産を残して亡くなっている。

その一方で、日本は周知の通り、国自体が莫大な借金を抱えている。

国と地方の長期債務残高は1000兆円を突破し、GDPの2倍以上に達している。にもかかわらず、政府は毎年、過去最高の予算を組んで借金を増やし続けているため、もはや歳入で借金を返すという普通の方法では、問題を解決することが不可能になっている。

したがってここまで指摘してきた通り、このまま行けば、いずれ日本は国債暴落に見舞われる。

そこで、新たな問題解決策を提案したい。それは〝資産を家族ではなく国家に相続する〟というコンセプトで、富裕層から国への「資産寄付制度」を創設するというものだ。いわば「国家救済ファンド」である。

私は日本の景気を良くするため、富裕層に対して「貯めるな使え！」と訴え続けてきたが、個人金融資産1800兆円の大半を持っている高齢者たちは、日本が貧しい時代に育っていて貯蓄奨励の〝洗脳〟を受けているため、一向にお金を使おうとしない。

だから、国内外に大きな資産を保有している富裕層を対象に、亡くなった後で55%の相続税をかけるのではなく、生きているうちに資産の50%を国家に寄付してくれたら残りの資産とその後稼いだ資産には相続税をかけない、という仕組みを作るのだ。すでに2013年末から、国外に5000万円を超す財産を持っている日本人は国外財産調書の申告が義務付けられているので、制度を作ること自体はさほど難しくはないと思う。

それで、もし寄付した人がその後、資産を失って食うに困るような事態になったら、通常の2倍とか3倍の年金を保証するといったセーフティネットを設ければよい。そのようにすれば、本人も家族も相続で気をもんだり、疑心暗鬼になったりしなくて済むだろう。

個人金融資産1800兆円の半分となれば900兆円だ。それを日本の借金返済に充てると、国と地方の長期債務残高は約200兆円に圧縮される。GDPに対する比率は約40%となり、ドイツの約75%を大きく下回って財政の〝劣等国〟から一気に〝最優等国〟になることができるのだ。

「三方良し」の制度

富裕層に偏った資産保有を是正する試みは海外でも行なわれている。

たとえば、インドネシアは2016年6月、スリ・ムルヤニ・インドラワティ財務相が主導して「タックスアムネスティ（租税特赦）法」を制定した。その中身は、課税対象となる資産を隠しているインドネシア居住者が2017年3月末までに国内外の資産を報告すれば、前年度末までの法人所得税・個人所得税・付加価値税・奢侈税の納税義務額、課徴金、租税刑事罰が免除され、これまで未報告だった資産を申告する際に2〜10％の特赦代償金を支払えば済むというものである。

あるいは、所得税を払う人が人口の約2％にすぎないインドでは、ナレンドラ・モディ首相が2016年11月、不正蓄財などを根絶するため、従来の1000ルピーと500ルピーの高額紙幣を廃止（廃貨）すると突然宣言して新札に切り替えた。

日本の場合はインドやインドネシアほど貧富の差が大きくないし、不正も少ないので、両国のような強硬手段に打って出る必要はないと思うが、資産家や金持ちが妬まれたり、憎まれたり、批判されたりする風土は最悪だと思う。実際、今はそうした空気が国内にあるから、彼らは海外へ逃避して財産を隠しているのだ。

そういう状況を反転するためにも、富裕層から国への「資産寄付制度」を創設すべきだと思うのである。その代わり政府や政治家は法律で、省利省益や政治的な人気取りのために不要不急の公共工事などで赤字国債を発行して予算を膨らませるというふしだらなことは二度としない、と国民に約束しなければならない。

富裕層はその資産に応じた社会貢献を行ない、それによって国は借金を大幅に減らして国債暴落を回避する。そして、その貢献を国民が祝福する——。いわば、金持ちも国も世間も満足できる「三方良し」の制度である。そういう風土を作っていかなければ、この国は立ち行かなくなると思うのだ。

A

〝資産を家族ではなく国家に相続する〟というコンセプトで、富裕層から国への「資産寄付制度」を創設する。金持ちも国も国民も満足できる〝ウィンウィンウィン〟の仕組みにすべきだ。

金融業界

Q 企業の投資が低迷する中で「銀行」はどんな役割を果たすべきか？

銀行の役割は基本的に三つしかない。「お金を預かり、安全に保管・管理して利息を払う」「預かったお金を個人、企業、国・地方公共団体に貸し出して運用する」「お金を決済する」だ。しかし、今や日本の銀行は、いずれの役割もほとんど果たしていない。

まず「お金を預かり、安全に保管・管理して利息を払う」という役割は、超低金利でスズメの涙ほどの利息しかつかないのだから、単なる〝金庫〟になっている。まだ日本人は貯蓄に励む長年の習慣で銀行にお金を預けているが、私には全く理解できない。国の借金がGDPの2倍を超えている日本がデフォルト（債務不履行）に陥って銀行が破綻したら、ペイオフ（預金保護）の対象にならない1000万円を超える分の預金はなくなってしまうし、ハイパーインフレが起きたらお金の価値が大きく下がってしまうからだ。にもかかわらず、銀行の預金残高は増え続けている（２０１８年度は前年度比20兆９９４５億円、２・９％増で20年連続の増加）。

ところが、今の日本はお金の借り手がいないため、銀行は二つ目の役割の「預かったお金を個人、企業、国・地方公共団体に貸し出して運用する」ことに四苦八苦している。大半の銀行は資金を運用する能力に乏しいから、お金をじっと預かっているだけである。財務省に頼まれて買った国債の微々たる配当を受け取ったり、その国債を日銀に売ってわずかな利ザヤを稼いだりするのがせいぜいだ。

さらに、三つ目の「お金を決済する」という役割も、遠からずフィンテック関係のネット企業に取って代わられるだろう。これまで銀行は振り込みやクレジットカードなどの決済で手数料収入を得ていたが、今後は中国の「アリペイ」や「ウィーチャットペイ」のような、銀行を経由せず、スマホやパソコンから手数料ゼロでダイレクトに送金できる第三者のモバイル決済サービスにバイパスされていくことは間違いない。銀行は決済関連の手数料収入が激減してしまうわけだ。

銀行は、経済社会を血液のようにめぐるお金を循環させる心臓のような存在とされている。しかし、今や日本の銀行は心臓としての機能が著しく衰え、存在意義がどんどん薄くなっているのだ。

銀行が自らビジネス開発を

この問題を解決する唯一の方法は、銀行自身がデベロッパーになることだと思う。つまり「デベロップメントバンク機能」を持つのである。

かつてはデベロップメントバンク機能を持った銀行があった。みずほフィナンシャルグループの前身の一つになった日本興業銀行（The Industrial Bank of Japan）である。1902年（明治35年）に設立された同行は、日本の重工業の発展や戦後復興と高度経済成長を支える中核的な役割を担っていた。しかし、2000年にみずほフィナンシャルグループの一員となって以降、デベロップメントバンク機能はほとんど失われてしまった。

なぜ日本の銀行はデベロップメントバンク機能を持っていないのか？　理由は簡単だ。そのためのノウハウがないからである。だが、今後はメガバンクも地方銀行もデベロップメントバンク機能を持ち、自らリスクを取ってダブついている資金を海外や国内の公共的なインフラ投資などに振り向けなければ、存在意義がなくなってしまうだろう。

投資機会は国内にもたくさんある。たとえば、186〜188ページで紹介したワーキング・ホリデーで来日した若い外国人を雇って閑古鳥が鳴いていた公共の宿の経営を立て直したケースのように、「アイドルエコノミー」を活用したビジネスを銀行が自ら開発して投資することが考えられる。

あるいは、山形県鶴岡市は日本で最も美味しい山の幸・海の幸に恵まれていると言われ、国内唯一の「ユネスコ食文化創造都市」に認定されている。となれば〝美食の聖地〟として知られるスペイン・バスク地方のサン・セバスチャンのような、世界中からグルメが押し寄せる街にすることも十分可能だと思う。

サン・セバスチャンには多くのミシュラン星付きレストランやピンチョスの食べ歩きができるバル、快適な宿泊施設がある。そうしたインフラを鶴岡市が整えるためには5〜10年かかるので、山形銀行をはじめとする地元の地銀や信金が中核となってプロジェクトを推進しなければならない。

そのようなデベロップメントバンクになれば、日本の銀行は新しい役割を担えるようになる。しかも、それらの投資は「地方創生」につながるので、銀行の存在意義を高めることができると思うのだ。

そして日銀については、フォアグラのごとく腹いっぱいに貯め込んでいる国債の暴落を招かない舵取りができるかどうか、ということが最大の問題である。日銀の国債保有残高は2018年度末で約460兆円に達し、国債発行残高に占める割合が5割近くになっている。もし国債が暴落したら、それが日銀の腹の中で爆発するので、日本経済は「ジ・エンド」だ。我々は、そうならないことを祈るしかない。

A

銀行の存在意義がますます薄くなっている中で生き残っていくには、銀行自身がデベロッパーになるしかない。自らリスクを取って新たなビジネスに投資・開発する役割を担うべきだ。

領土と資源

Q 隣国ロシアとの関係改善が生む経済効果をどう最大化するか?

北方領土交渉は手詰まり状態

一時は大きな進展が期待されたロシアとの北方領土返還交渉は、完全にロシアペースとなり、日本は手詰まり状態だ。安倍首相はプーチン大統領と27回も会談していながら、今のところ何の成果も出せていない。

両首脳は2018年11月の会談で、平和条約締結後に歯舞《はぼまい》群島と色丹《しこたん》島を日本に引き渡すと明記した1956年の日ソ共同宣言を基礎に平和条約交渉を加速させることで合意し、日本政府は従来の四島一括返還から歯舞群島と色丹島の二島先行返還を軸に進める方針に転換。それ以降、日本側は平和条約交渉を進めるため、官民ともにロシア側を刺激しないよう配慮する姿勢を続けている。

私自身は、日本はロシア側の事情と自国の国益を天秤にかけながら、速やかに二島先行返還の次のステップに進むべきだと思うが、問題は日本政府に二島先行返還後の具体的な統治ビジョンがあるとは思えないことだ。それならいっそ、平和条約締結と二島先行返還を交渉の入り口にしながら、最終的には四島をかつての北マリアナ諸島やパラオのような国連信託統治形式で日露共同の「非武装中立地帯」にするのがよいのではないかというのが私の次の提案だが（『「国家の衰退」からいかに脱するか』参照）、日露関係を改善させることが21世紀の日本にとって極めて有益であることは間違いない。

漁業、観光の経済効果は期待薄

そもそも、北方領土返還は日本にとってどのような経済的メリットが考えられるのか？よく指摘されているのが漁業の活性化だ。歯舞・色丹は主にコンブ漁だが、国後の周辺海域はサケ、マス、タラ、カニなどの好漁場である。しかし、もし返還後、現在は日露漁業交渉で定められている漁獲量の制限がなくなったら、外国船による乱獲の恐れが出てくる。もちろん日本が多く獲りすぎても同じ問題が起きる。水産資源の保護を考えると、返還後も漁獲量を大幅に増やすことは難しいだろう。

もう一つ考えられるのは観光だ。返還後2〜3年は物珍しさで、それなりに観光客が押しかけるかもしれない。だが、衛星写真などを見る限り、どの島も観光資源が乏しいようなので、大ブームになるとは思えない。なぜなら、北方領土よりはるかに観光資源に恵まれている利尻島や礼文島、奥尻島でさえ、夏季でも宿泊施設が満杯になるほどではないし、オフシーズンは閑古鳥が鳴いているからだ。

というわけで、漁業や観光では大きな経済的メリットは考えにくい。また、かつて北方領土に住んでいた日本人が再び故郷の島に戻ることも現実的には非常に困難だろう。

北方領土を経済的メリットにつなげることは想像以上に難しいと言える。

「ガス」「電気」が巨大な利益を生む

北方領土返還は、島々を直接的にどう活用するかにとどまらず、もっと大局的な視点で考えるべきだろう。つまり、ロシアと平和条約を締結して友好・信頼関係を築くことによる計り知れない経済的メリットに目を向けるのだ。

まず考えられるメリットはエネルギーである。前述した日本のエネルギー戦略と密接に関係する話になる。詳しく説明しよう。

樺太（サハリン）には天然ガス田がある。これを液化してＬＮＧ運搬船で持ってくるのではなく、宗谷海峡にパイプラインを建設してガスのまま輸送し、稚内に天然ガス産業を興せばよいと思う。そうすれば、液化して再び気化するコストがかからなくなるので、経済的メリットが非常に大きい。樺太の最南端・クリリオン岬と北海道の最北端・宗谷岬との間は約43㎞、宗谷海峡の最深部は約70ｍしかないから、工事は難しくない。

ロシアに樺太の南部で発電してもらい、高圧直流送電で日本に持ってくるという手もある。その具体的なやり方は二つ考えられる。

一つは稚内あたりから北海道経由で本州に引っ張ってくるという方法だ。すでに北海道と本州の間は高圧直流送電網が出来上がっているので、樺太〜北海道間の送電網さえ建設すれば、本州まで送電できる。

もう一つは、樺太から福島まで海底などを使って直接送電する方法だ。福島には福島第一原子力発電所に原子炉6基分、福島第二原子力発電所に原子炉4基分の送電網があるが、これはもう永遠に使われないだろうから、そこに樺太からの送電線をつなげば、関東圏と東北圏がカバーできてしまう。樺太から福島までの距離は約1000kmあるが、すでに中国には約2000kmの高圧直流送電線があり、ブラジルでは約2400kmのプロジェクトが進行中なので、それらに比べれば1000kmという距離は長くない。そんなに遠いと送電ロスがあるのではないかと思うかもしれないが、高圧直流送電なら1000kmで3%程度、2000kmで7%程度と、ロスは交流送電の半分ほどに抑えられる。

さらに、ウラジオストクからも日本海にパイプラインを建設して新潟に天然ガスを持ってくるという手もある。こちらの距離は1200kmぐらいだが、ロシアは国内やヨーロッパで海底を含めて2000〜3000kmのパイプラインを数多く建設しているから、技術的には十分可能だろう。

また、樺太〜福島と同じように、ウラジオストクで発電してもらい、高圧直流送電で新潟の柏崎刈羽原子力発電所にある原子炉7基分の送電網につなぐ。そうすれば首都圏はもとより、北陸電力のエリアもカバーできる。

旧ソ連時代までのウラジオストクは軍港都市として栄えてきたが、東西冷戦終結後は軍港の重要性が薄れて将来性が危ぶまれている。このためプーチン大統領は、軍港に代わる産業としてハイテク関連の大学や研究所などを次々と設置し、極東ロシアの拠点都市とするべく力を注いでいる。そのウラジオストクの経済発展に日本が協力することは、プーチン大統領との信頼関係を構築する上で極めて重要だと思う。具体的には、最初は大学レベルの交流と人材育成、あるいは寒冷地における農業の共同研究といった極東ロシアにふさわしい地道な分野から始めるべきだろう。

前述したように、北方領土の経済的価値は少ないが、ロシアと平和条約を結んで交流を深めることにはメリットが大きい。日本はそういう大きなメリットを求めて、対ロシア外交の駒を進めるべきなのだ。

A 北方領土交渉はなかなか進展しないが、この問題は、もっと大局的な視点で考えるべき。ロシアとの関係強化により得られる経済的メリットは計り知れないほど大きい。

本書は、単行本『武器としての経済学』（２０１７年８月刊）に加筆・修正した上で新書化したものです。新たに加えた項目の初出（いずれも２０１９年刊）は以下の通り。新書版まえがき（『週刊ポスト』２月１日号および４月５日号）、ポピュリズム（同10月18日号）、米中貿易戦争（単行本『国家の衰退』からいかに脱するか』）、ＥＵとイギリス（『週刊ポスト』９月13日号）、グローバル通貨（同10月４日号）、仮想ロボット（11月１日号）

大前研一［おおまえ・けんいち］

1943年福岡県生まれ。経営コンサルティング会社マッキンゼー・アンド・カンパニー・インク入社後、本社ディレクター、日本支社長、アジア太平洋地区会長を歴任し、94年に退社。現在、ビジネス・ブレークスルー（BBT）代表取締役会長、BBT大学学長などを務め、日本の将来を担う人材育成に力を注いでいる。著書に『企業参謀』『新・資本論』などのロングセラーのほか、『大前研一 日本の論点』シリーズや『低欲望社会』『発想力』『50代からの「稼ぐ力」』『「国家の衰退」からいかに脱するか』など多数。

編集：工藤一泰・関 哲雄

経済を読む力

「2020年代」を生き抜く新常識

二〇一九年 十二月三日 初版第一刷発行
二〇二〇年 一月二十八日 第三刷発行

著者 大前研一
発行人 鈴木崇司
発行所 株式会社小学館
〒一〇一－八〇〇一 東京都千代田区一ツ橋二ノ三ノ一
電話 編集：〇三－三二三〇－五九五一
販売：〇三－五二八一－三五五五

本文DTP ためのり企画
編集協力 中村嘉孝・角山祥道
印刷・製本 中央精版印刷株式会社

Printed in Japan ISBN978-4-09-825358-6